Gerald Pelikan

Militärisches Boxen

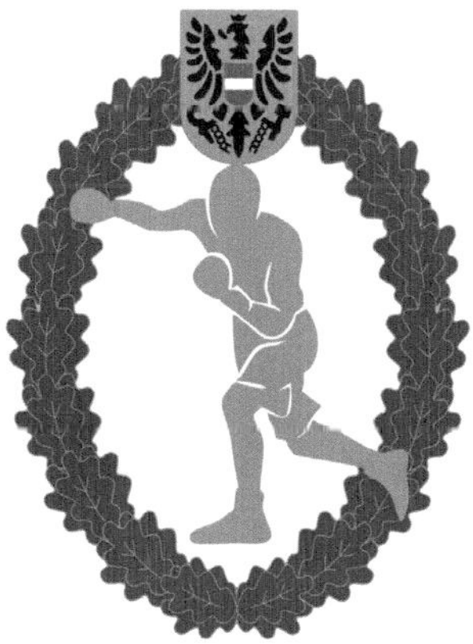

Militärisches Training hat das Ziel, Soldaten auf den Einsatz vorzubereiten. Das bedeutet auf das Gefecht und, in letzter Konsequenz, auf den Kampf Mann gegen Mann. Um diesen führen zu können, muss der Soldat nicht nur fit sein, er muss auch kämpfen können.

Sprachliche Gleichbehandlung
Die in diesem Buch verwendeten personenbezogenen Ausdrücke betreffen, soweit dies inhaltlich in Betracht kommt, Frauen und Männer gleichermaßen.

Schwarzenbergkaserne, Objekt 48, 5071 Wals.
Druck: Stadermedia, Warwitzstraße 1, 5023 Salzburg.

ISBN 978-3-901185-79-3

Inhaltsverzeichnis

Vorwort 6

Einstieg 7

Status Quo der Österreichischen Streitkräfte 11

Operatives Querschnittskonzept „Körperliche Leistungsfähigkeit“ – BMLV 19

Militärische Basisfitness 21

Fight – Flight – Freeze 26

Der Kampf beginnt im Kopf 34

Selbstbewusstes, sicheres Auftreten 36

Persönlichkeitsmerkmale, emotionale Stabilität und Willensstärke 40

Kampf-, Kraft- und Koordinationsübungen „K3“ 45

Kampfsportspiele 59

Techniktraining 67

Militärisches Boxen 71

Taktische Kampfhandlungen 94

Differenzierungsübungen 97

Imitierende Partnerübungen 102

Spielformen 112

Methodische Hinweise 122

Spezielles Training „Militärisches Boxen“ 123

Wettkampfnahes Training 139

Wettkampfbestimmungen 142

Ich widme dieses Buch meinem „COMRADE" Stefan PFLEGER .

Stefan war Österreichischer Staatsmeister Olympisches Boxen im Halbschwergewicht 1989 und über 20 Jahre im Einsatz als Fremdenlegionär auf allen Teilen dieser Welt. Er ist als EOD (Kampfmittelbeseitigung) für eine zivile NGO (Nichtregierungsorganisation) am 20. Juli 2020 in SYRIEN ums Leben gekommen.

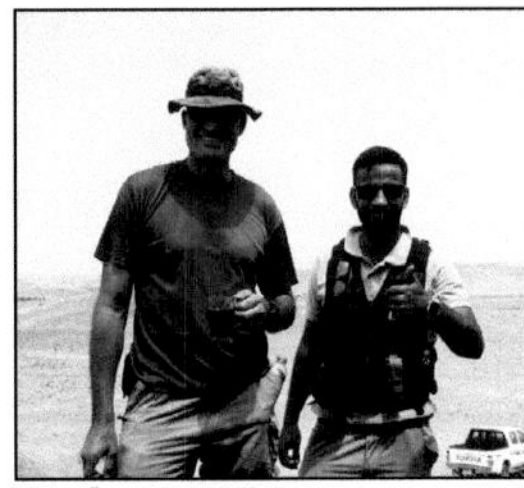

Syrien 2020.
Foto: Pfleger (links).

Ruhe in Frieden Stefan

KAMERADEN TRAUERN

Österreicher in Syrien durch Sprengfalle getötet. Stefan P., der bereits in seiner Zeit als Fremdenlegionär und eben später bei einer NGO in Syrien Minen, Blindgänger und andere Sprengfallen aus dem Verkehr zog, galt als Profi. Dennoch ein brandgefährlicher Job, für den ihm seine Kollegen in sozialen Medien Respekt zollen.

Auch Österreichs Ex-Außenministerin Karin Kneissl meldete sich zu Wort: „Der Stellvertreterkrieg in Syrien hat das Land mit Minen aller Art verseucht. Die Männer, die Minen wegräumen, riskieren alles. Respekt!" Auch P. hat alles riskiert, um Syrien ein Stück sicherer zu machen (...)

Kronen Zeitung, 23. Juli 2020

Weiters Dank an meine Kameraden beim Militär, Sportfreunde im Kampfsport und der Selbstverteidigung, den Psychologen und Pädagogen des BMLV und besonders:

- Stefan PFLEGER, Fremdenlegion, Kampfsportler
- Christoph HINTERLECHNER, Kampfsportler, Trainingswissenschafter (HUAk)
- Andreas VOCK, Sportwissenschafter (BSPA WIEN)
- H.P., Polizist in sehr speziellen Einsätzen im In- und Ausland
- W.B., Berufssoldat der Spezialeinsatzkräfte mit zahlreichen Auslandseinsätzen
- F.S., Buckel [bugl]* von Unterweltgrößen und Erfahrung als „Türlsteher" mit 100ten Kämpfen an der Tür,

deren Fachkompetenz bzw. reale Erfahrungen mit dem „Kämpfen" hier wichtige Beiträge des Buches sind.

Zuletzt mein Dank dem Österreichischen Milizverlag und unserem Mann der Öffentlichkeitsarbeit im Heeres-Sportzentrum/BMLV für die administrative und Layout technische Unterstützung Mike Gottlieber.

* Buckel (bugl). Leibwächter, Beschützer – hält den Buckl hin.

Von Schafen, Wölfen und Hütehunden…

„Es gibt drei Arten von Menschen in dieser Welt.

Die Schafe sind schwach – Menschen, die sich nicht zu helfen wissen und bei Bedrohung völlig wehrlos sind.

Die Wölfe sind die starken, aber bösen Menschen, die ihre Macht ausnutzen und bewusst Gewalt an den Schwächeren ausüben.

Die Hütehunde beschützen die Schafe und stellen sich den Wölfen entgegen."

American Sniper, USA 2014

Vorwort

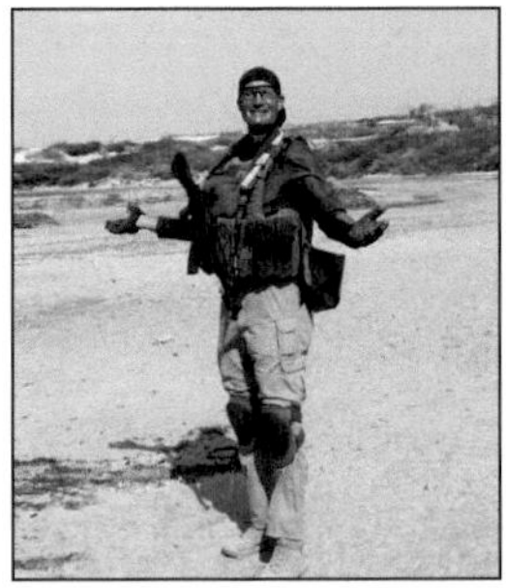

„Das Leben ist ein ständiger Kampf: moralisch, psychisch wie auch physisch. Ein moralisch und psychisch verlorener Kampf zeigt keine sofortigen sichtbaren Schäden. Bei einem physischen Kampf hingegen bzw. bei einer körperlichen Auseinandersetzung sind die Schäden in allen drei Teilgebieten – moralisch, psychisch und physisch – sofort sichtbar. Deshalb ist es wichtig, dass beim Kampf die Psyche stimmt. Der beste Techniker wird in der Realität – draußen auf der Straße – jeden seiner Kämpfe verlieren, wenn er hierfür nicht den sogenannten Killerinstinkt hat. Aus Erfahrung sage ich, dass 60% eines gewonnenen Kampfes von der Psyche abhängen, der Rest beinhaltet automatisierte, ins Blut übergegangene Bewegungsabläufe und Techniken durch exzessives Training."

Stefan PFLEGER, Fremdenlegion, Kampfsportler †2020.

„Die Ausbildung ist neben der Erziehung die wichtigste Aufgabe einer Armee im Frieden. Die Gefechtsausbildung ist Kern und Prüfstein der gesamten Ausbildung und somit ihr schwierigster Teil. Alle in der Ausbildung im Frieden zu setzenden Maßnahmen haben sich nach den Gegebenheiten und Erfordernissen des Gefechtes zu richten. Die Vorbereitung von Soldaten auf das Bestehen im Einsatz verlangt daher auch die Auswahl/Wahl von dafür geeigneten Ausbildungsmethoden. Dieses Buch veranschaulicht auf beeindruckende Weise wie man durch eine Sportart die Einzelpersönlichkeit von Soldaten fördert und ihre physischen und psychischen Kräfte voll entwickelt."

Vizeleutnant Wolfgang BRUNNER
Kommandounteroffizier der 4. PzGrenBrig

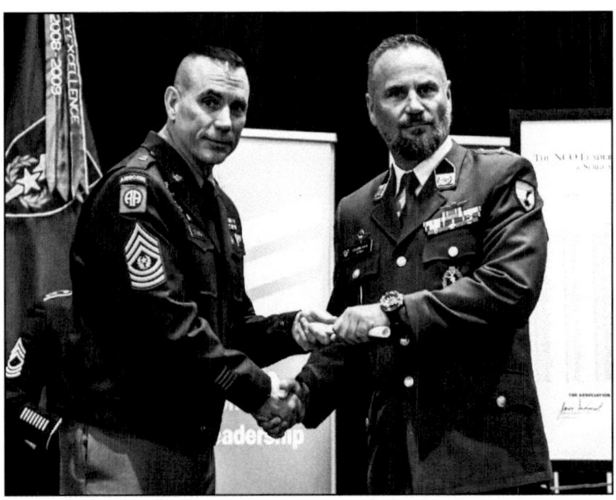

Dekretsverleihung – Sergeants Major Academy der US Army- Fort Bliss-Texas. Foto: Vzlt Wolfgang B.

Einstieg

In unserem hochzivilisierten Umfeld ist die Wahrscheinlichkeit eines Kampfes Mann gegen Mann noch geringer als vor Jahrhunderten und dementsprechend ist die psychische Belastung bei einem aggressiven Angriff sehr hoch. Unter Stress, Angst vor Verletzung und Tod ist unser rationales Denken sehr eingeschränkt und der Soldat muss nun beim Durchsetzen von Rechtshandlungen bzw. einem tätlichen Angriff in Sekundenbruchteilen entscheiden und handeln.

Es stellt sich daher die Frage:
Wie können die Streitkräfte den Auszubildenden diese Grundfertigkeit Selbstverteidigung vermitteln, damit diese Rechtshandlungen angemessen durchsetzen?

Auszubildende mit meist mangelnden koordinativen, konditionellen Fähigkeiten und Vorkenntnissen im Kämpfen nur an der Spielkonsole?

Auszubildende mit oft mangelndem Selbstbewusstsein, mangelnder Willensstärke, denen seit dem Kindergarten über alle Schulstufen hinweg erklärt wurde:

> „...wenn dir jemand dein Jausenbrot wegnimmt, dann versuche „das" zu verstehen und frage dieses Kind was für eine Wurst deine Mutter morgen in das Jausenbrot hineingeben soll"
>
> #ironieoff

Es fehlt an spielerischen, körperlichen und vor allem regelgeleiteten Auseinandersetzungen schon von Kindesbeinen an, um ein Bewegungsrepertoire zu entwickeln, Berührungsängste abzubauen und eigene Grenzen kennenzulernen.

Dabei ist das Kämpfen eine Ausdrucks- und Handlungsform, die in vielen Bereichen des Sports auf pädagogischer, motorischer und psychologischer Ebene von Bedeutung ist. Gerade der Kampfsport beinhaltet aufgrund seiner spezifischen Regeln und Strukturen wertvolle Aspekte für den Schulsport. Er vermittelt in den Teildisziplinen ein Werteverhalten, die Achtung vor dem Partner und seiner Unversehrtheit in den Übungsformen sowie das **Akzeptieren von Sieg und Niederlage**.

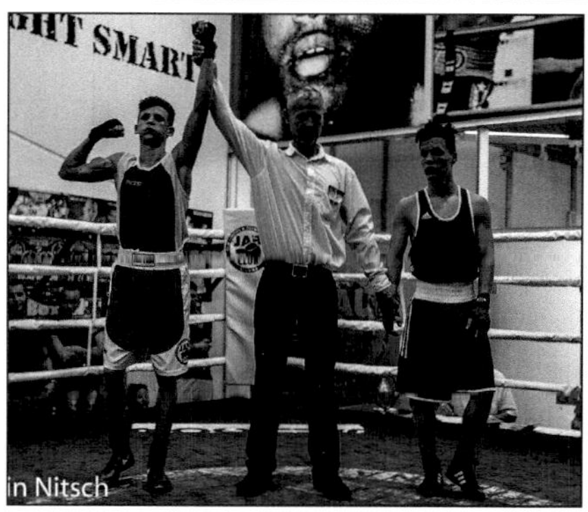

Sportpädagogik – Kämpfen 2012 friedrichverlag.

Dieses Buch soll einen Einblick in das Ausbildungssystem „Militärisches Boxen" der Österreichischen Streitkräfte geben. Eine modulartig aufgebaute Ausbildung als Zubringer für Selbstverteidigung, Anwendung unmittelbarer Zwangsgewalt und dem Militärischen Nahkampf.

Es zeigt den planmäßigen, schrittweisen Aufbau des „KÄMPFENS", mit dem Transfer aus dem Kampfsport (Olympisches Boxen) in die militärische Grundfertigkeit Selbstverteidigung mit einer zielgerichteten, **persönlichkeitsentwickelnden** Ausbildung.

Und hier meine ich nicht den Boxkampf beim Durchsetzen von Rechtshandlungen, sondern WIE kontrollierte Sparringskämpfe bis hin zu Wettkämpfen Militärisches Boxen im Leichtkontakt, bei dem zeitweise auch harte Treffer kommen und „der Ballon nach oben geht", eine spezielle Kondition, eine **emotionale Stabilität**, ein selbstbewusstes Auftreten mit Kontrolle und Übersicht unsere Soldaten auf „robuste" Einsätze vorbereitet.

Wie handeln Soldaten bei einem tätlichen Angriff im Rahmen von humanitären oder friedensschaffenden Einsätzen der UNO, beim Trennen von ethnischen Minderheiten, im Grenzeinsatz an der Österreichischen Staatsgrenze, in einem möglichem sicherheitspolizeilichen Assistenzeinsatz, bei einem Cyberangriff mit tagelangem Stromausfall in einer Großstadt wie WIEN oder bei einem Katastrophenfall mit tausenden Personen randalierend auf den Straßen wie beim G20 Gipfel 2017 in Hamburg?

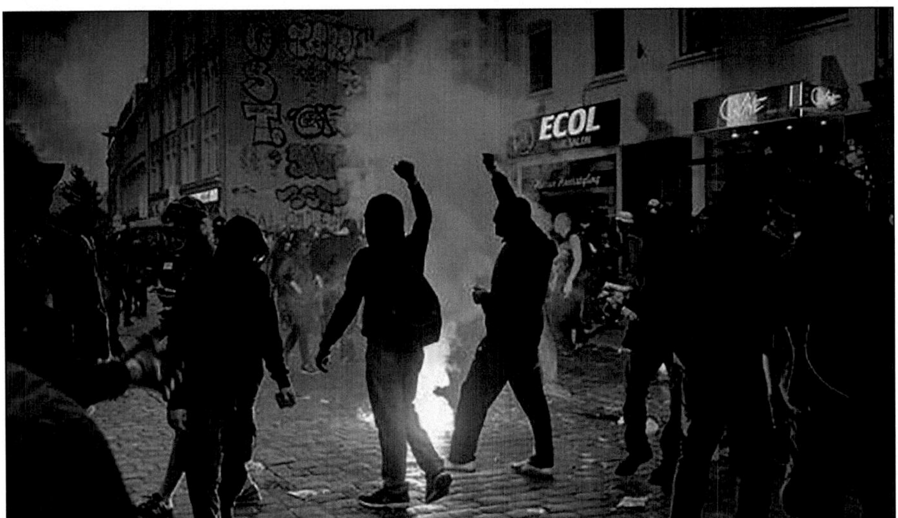

Der Tagesspiegel 2017 Foto: dpa/ Markus Scholz.

Wie handeln Soldaten bei einem aggressiven Angriff mit blanken Fäusten oder Tritten, bei dem der Einsatz der Dienstwaffe in der Verhältnismäßigkeit und der Einsatz des Pfeffersprays aufgrund einer Gefahr einer Kontaminierung anderer Personen NICHT möglich ist?

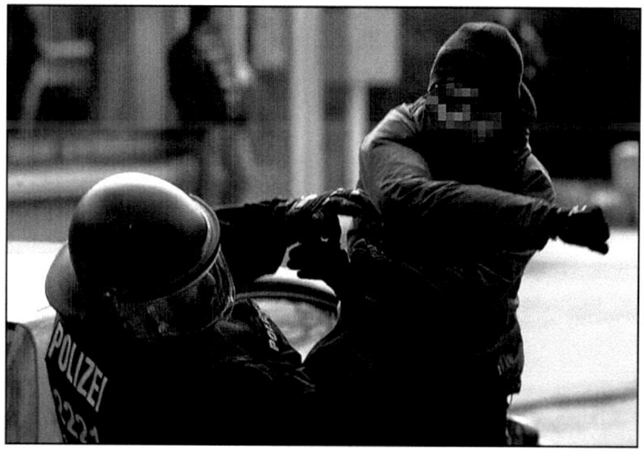

Lübeck; 26.03.2011; Foto: Carsten Rehder/dpa.

Einsatzberichte:

KOSOVO:

Ich war in einem Zugriffselement für die Festnahme von Straftätern eingeteilt.
Im Zuge dieser Tätigkeit machte ich bei ca. 12 Zugriffen als Teammitglied mit.
STRESS: Ich muss sagen das nach jedem Zugriff der Stress etwas weniger wurde, das heißt umso öfter ich etwas mache umso mehr geht es in eine gewisse Routine über. Bei unseren 1 Zugriff auf einen Mörder war bei der Hinfahrt (ca. 0200Uhr) im Team alles ruhig und es kam kaum ein Gespräch auf. Die Anspannung im Team war sehr hoch. Sobald wir aber aus den Fahrzeug ausstiegen ging alles in die gewohnte und trainierte Routine über.
Jeder von unserem Team hatte jahrelange Erfahrung in Kampfsport und Nahkampf. Was meiner Meinung sehr wichtig ist für Soldaten. Erfahrungen im Geben und Nehmen von Schlägen oder Erfahrungen im Schmerz.
Bei den Zugriffen wurde fast jedes Mal der Festgenommene mit Körperkraft niedergerungen.
Selbstbewusstsein durch Erfahrung im Kampf ist da meiner Meinung das A und O, damit der Soldat seinen Auftrag erfüllen kann.

K.K., Vzlt

Militärpolizei – Grenzübergang Spielfeld (...) bei einer Situation wurden wir als „Operative Reservekraft" zu einer Eskalation innerhalb eines Zeltes gerufen ...

- im Zelt gab es einen Raufhandel mehrere Personen innerhalb der Flüchtlingsgruppen (diese kamen öfters vor)
- Wir gingen, ausgerüstet mit CRC Ausrüstung (*X77 Weste, Hand- u. Beinprotektoren und CRC Helm) in das Zelt und beendeten den Raufhandel teils unter hohen Einsatz körperlicher Zwangsgewalt)
- Das Verhältnis zwischen Flüchtlingsgruppe und MP lag dabei ungefähr bei 3 zu 1,
- Nach Beendigung des Raufhandels richtete sich die Gewaltbereitschaft gegen uns.
- Dabei wurden wir mit Essen und Flaschen beschossen und es kam zu einem lautstarken Gebrüll.

  Wir zogen uns zusammen, so dass wir eine Kette Richtung Ausgang bildeten.
  In dieser Formation warteten wir die Situation für eine kürzere Zeit ab.
  Uns gegenüber stand eine Maße von Flüchtlingen die durch lautstarkes gestikulieren mit den Fäusten uns zum Kampf aufforderten.

Es blieb auch nicht lange nur bei Androhungen Seitens der Flüchtlinge, diese gingen in Kampfstellung (bei einigen Personen konnte man gewisse Erfahrungen in Kampfsport erkennen) und begannen mit Faustschläge uns zu attackieren.
Dabei musste ich selbst und andere Kameraden diese durch Abwehrhaltungen kontern und selbst durch Faustschläge die Situationskontrolle wiederherstellen.
Dies gelang uns auch nach kurzer Zeit, somit konnten wir uns wieder langsam aus dem Zelt bewegen.

FAZIT:
Solche Situation können nur gut abgeklärt werden, wenn Soldaten einen gewissen Level im Kampfsituationen haben, nicht nur um Abzuwehren und evtl. zu agieren, sondern auch durch vorhergehende Sparrings im Training, den Stresslevel unten zu halten.

Fallbeispiel:

Ein 26-jähriger Mann hat in der Nacht auf Montag eine Messerattacke auf einen Wachsoldaten des Bundesheeres vor der Residenz des iranischen Botschafters in Wien-Hietzing verübt.

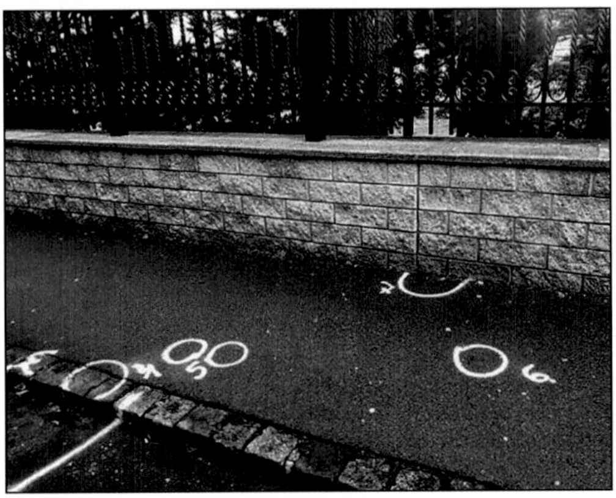

Der Soldat wehrte den Angreifer mit Schüssen aus der Dienstwaffe ab. Der Mann starb an Ort und Stelle.

Der Wachsoldat erlitt eine Schnittverletzung. Der 26-Jährige sei ohne Vorwarnung auf den vor der Villa Blaimschein in der Wenzgasse 2 postierten Soldaten losgegangen, sagte der Polizeisprecher.

Dieser gab „mindestens vier" Schüsse aus der Glock 17 ab. So viele Hülsen wurden bisher von den Spurensicherern eingesammelt.....

Kurier.at 12.03.2018.

Der Soldat vor der iranischen Botschaft in Wien wurde also mit dem Messer angegriffen und nach zahlreichen Einstichen auf seiner Stichschutzweste erschoss er den Angreifer. Hier handelte es sich um einen sicherheitspolizeilichen Assistenzeinsatz gem. § 2 Wehrgesetz (WG) Abs. 1 lit b.) und der Soldat hatte gem. § 3 StGB (Notwehr) gehandelt.

Wie trainieren die österreichischen Streitkräfte unsere Soldaten im Bereich Selbstverteidigung, Anwendung unmittelbarer Zwangsgewalt und Militärischen Nahkampf?

Status Quo der Österreichischen Streitkräfte in den Bereichen: Militärischer Nahkampf und Selbstverteidigung

„Die letzte Entscheidung bringt oft erst der **Kampf auf nächste Entfernung**. Der Schütze soll dem Feind durch **Unerschrockenheit, Kampfwillen und Ausbildung** überlegen sein.

Im Nahkampf behält nur der erbarmungslose, von **unbeugsamen Kampfgeist** erfüllte Draufgänger die Oberhand".

Ausbildungsvorschrift für das Bundesheer (AGD) „Allgemeiner Gefechtsdienst".
TRUPPENDIENST 4/1977.

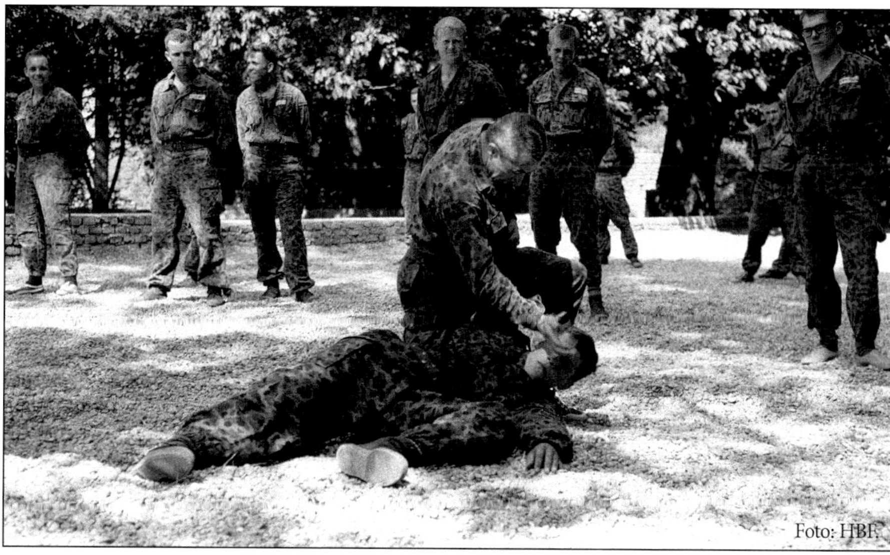

Foto: HBF

Nahkampfgrundsätze:

1. **Aggressives** und initiatives Handeln zwingt den Gegner in fehlerhafte Reaktionen!
2. Der Nahkampf muss flexibel, **entschlossen** und **mit aller Härte** geführt werden!
3. Der Gegner ist auf kürzestem Weg – das heißt geradlinig – anzugreifen!
4. Wird man zur Verteidigung gezwungen, sucht man so rasch wie möglich wieder die Initiative zurückzugewinnen und Gegenangriffe bis zum Eintritt der **Kampfunfähigkeit** des Gegners zu führen!

Johannes HETFLEISCH, Nahkampflehrer Jagdkommando –
Militärischer Nahkampf (1995), Milizverlag.

Definition: Militärischer Nahkampf

„Nahkampf ist der Kampf unter 30 Metern mit Handfeuerwaffe und Handgranaten, oder der Kampf Mann gegen Mann mit und ohne Nahkampfmittel"

Johannes HETFLEISCH, Nahkampflehrer Jagdkommando
Militärischer Nahkampf (1995), Milizverlag

Hier ist bei Einsätzen gem. § 2 WG 2001 Abs. 1 lit. a.) die militärische Landesverteidigung, der Kampf auf Leben und Tod mit dem Ziel der Kampfunfähigkeit des Gegners gemeint. Primär die Schussabgabe und bei Versagen der Einsatzwaffe, Gefährdung Eigener,

....wird die Einsatzwaffe, das Sturmgewehr (StG77 AUG) für Angriff- oder Abwehrtechniken eingesetzt, bzw. das Messer, der Spaten, ein Stein... hier gibt es KEINE Regeln, es zählt die Auftragserfüllung!

Der Militärische Nahkampf ist ein auf Österreichische Einsatzerfordernisse gem. § 2 WG 2001 Abs. 1 lit. a.) (militärische Landesverteidigung) maßgeschneidertes System, in dem flächendeckend im gesamten Bundesgebiet Berufsoldaten ausgebildet werden. Die wirkungsvollen Techniken können in **kurzer Ausbildungszeit ohne athletische Vorausbildung** vermittelt werden, müssen jedoch gefestigt werden!

In der Kaderausbildung werden zu 13 UE Selbstverteidigung (2 UE Pfefferspray) noch 15 UE Anwendung unmittelbarer Zwangsgewalt und zusätzlich die Waffengattungen Jäger, Grenadier und Aufklärer in 20 UE Nahkampf ausgebildet.

Selbstverteidigung im Bundesheer

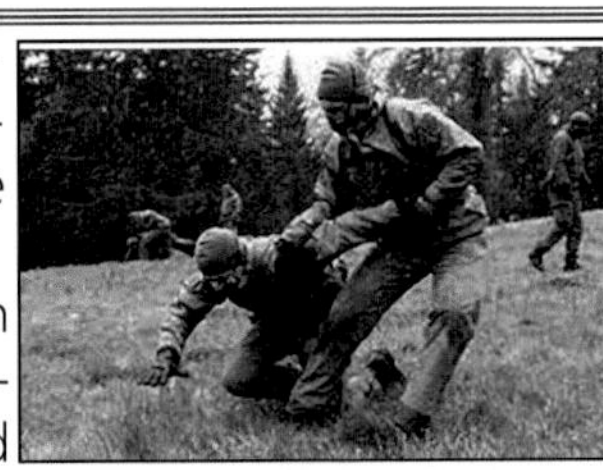

„Selbstverteidigung" umfasst die Ausbildungserfordernisse für die Anwendung einsatzbezogener Körperkraft, die sich für alle Truppen im Bereich Wache, Streife und sicherheitspolizeilicher Assistenzeinsatz ergeben. Das Beherrschen der dazu vorgesehenen Techniken ist die Voraussetzung für die reibungslose, gesetzeskonforme Anwendung der Selbstverteidigung und einsatzbezogenen Körperkraft. Dies stellt die unterste Basis des Nahkampfes dar. Das Erreichen des Ausbildungszieles (...) dient vor allem der Abwehr von Angriffen und befähigt den Anwender nicht, eine Person situationsgerecht zu überwältigen. Dieses Ausbildungsziel ist durch das Vermitteln von Techniken zu erreichen. Dabei darf es sowohl in der Anlernstufe als auch in der Festigungsstufe nur zu Berührungskontakten (Arbeitsbegriff) kommen.

DVBH Selbstverteidigung Mai 2006.

Ab Oktober 2010 in der Dienstvorschrift Bundesheer zur Erprobung orientiert sich die Selbstverteidigung inhaltlich an:

Notwehr
gem. § 3 StGB

(1) Nicht rechtswidrig handelt, wer sich nur der Verteidigung bedient, die notwendig ist, um einen gegenwärtigen oder unmittelbar drohenden rechtswidrigen Angriff auf Leben, Gesundheit, körperliche Unversehrtheit, sexuelle Integrität und Selbstbestimmung, Freiheit oder Vermögen von sich oder einem anderen abzuwehren. Die Handlung ist jedoch nicht gerechtfertigt, wenn es offensichtlich ist, dass dem Angegriffenen bloß ein geringer Nachteil droht und die Verteidigung, insbesondere wegen der Schwere der zur Abwehr nötigen Beeinträchtigung des Angreifers, unangemessen ist.

(2) Wer das gerechtfertigte Maß der Verteidigung überschreitet oder sich einer offensichtlich unangemessenen Verteidigung (Abs. 1) bedient, ist, wenn dies lediglich aus Bestürzung, Furcht oder Schrecken geschieht, nur strafbar, wenn die Überschreitung auf Fahrlässigkeit beruht und die fahrlässige Handlung mit Strafe bedroht ist.

Hier wurden die effizienten, harten Techniken des Militärischen Nahkampfes auf eine niedrigere Bedrohung, die Selbstverteidigung, „heruntergebrochen".

Es gibt **ausschließlich Berührungskontakte** und jeder Grundwehrdiener wird **EINHEITLICH in 13 UE** in Selbstverteidigung ausgebildet, assistenzdienstleistende Grundwehrdiener zusätzlich in 15 UE Anwendung unmittelbarer Zwangsgewalt mit Schwergewicht Einsatz von Schließmittel.

Die hier beschriebenen Definitionen und durchgeführten Ausbildungen des Militärischen Nahkampfes und der Selbstverteidigung im ÖBH müssen jedoch vor dem Hintergrund der sich ständig ändernden Anforderungen bei Einsätzen im In- und Ausland um einen weiteren Punkt, des sicherheitspolizeilichen Assistenzeinsatzes gem. § 2 WG 2001 Abs. 1 lit. b.), (...) auch über den Bereich der militärischen Landesverteidigung hinaus, der Schutz der verfassungsmäßigen Einrichtungen und ihrer Handlungsfähigkeit und der demokratischen Freiheiten der Einwohner sowie die Aufrechterhaltung der Ordnung und Sicherheit im Inneren überhaupt UND der **aktuellen Bedrohungen** erweitert werden.

Erfahrungsbericht des Berufssoldaten W.B. im NORDKOSOVO:

- gemeinsam mit EULEX findet eine Zugriffsaktion auf einen Gesuchten (…) statt
- Operation VESTA 2 Zugriffsoperation durch EULEX auf zwei Zielpersonen (...) dabei kommt es zu **mehreren Handgemengen** mit der Zivilbevölkerung
- Operation VESTA 3 Zugriffsoperation auf einen weiteren Gesuchten (...) und **erneute Handgemenge**
- Demonstration bei GATE 1 mit 500 Demonstranten – Einsatz von letalen und nonletalen Wirkmitteln, mehrere verwundete Soldaten
- Operation „Breaking Dawn" – Roadblock bei OP 2 zu räumen ca. 400 Demonstranten mit **schweren Handgemengen** und Verletzten
- Versuchte Räumung eines Roadblocks, ca. 20 verwundete Soldaten und Abbruch..
- Operation „Going Home" Räumung OP 2 mit schweren Ausschreitungen und 30 verwundeten Soldaten...

Es sind hier nur die größeren Aktionen angeführt, kleinere Vorfälle im Rahmen von fahrzeuggestützten Kontrollen (Vehicle Checkpoints VCP) oder bei routinemäßigen Kontrollen während einer Patrouille (Observation Post Temporary OPT) sind nicht erwähnt.

(…) Es handelt sich immer um Aktionen, wo der Einsatzsoldat in DIREKTEM Kontakt mit seinem Gegenüber stand (…)

„Diesen Anforderungen ist nur ein physisch gut trainierter und psychisch durch seine Ausbildung geformter Charakter gewachsen. Daher sehen wir als (…) deinen Weg als den einzig Richtigen und hoffen (…)"

ZWISCHENFALL AN GRENZE

Illegaler Migrant schlug Soldatin ins Gesicht

Wilde Szenen haben sich am Samstag um 7 Uhr in einer Allee nahe der burgenländischen Grenze in Deutschkreutz abgespielt. Als vier Soldaten acht afghanische Migranten stellten, rastete einer aus. Er schlug mit der Faust brutal auf eine Soldatin ein. Dann flüchteten der Täter und seine Landsleute. Gefasst!

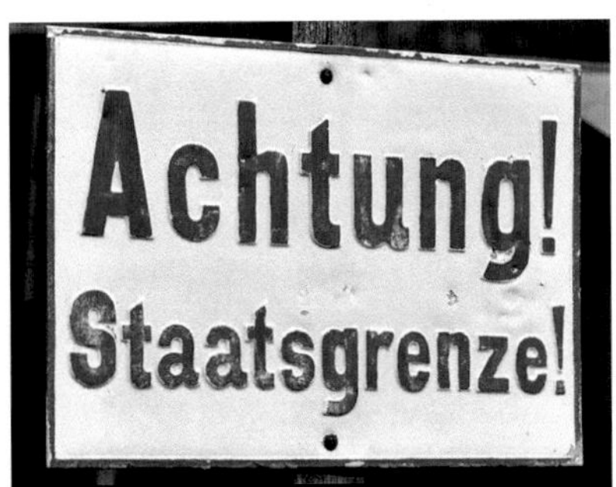

Kronen Zeitung vom 30.7.22.

Einsatzbericht Grenze Nickelsdorf

Bei der großen Menge handelte es sich meist um junge Männer, die teilweise auch zu Gewalt neigten und vereinzelt auch mit Messer bewaffnet waren.
Aufgrund der oft unbestimmten Zeit, welche die Flüchtlinge auf der Grenze warten mussten, kam es deshalb innerhalb der Flüchtlingsgruppen hin und wieder zu einem Raufhandel oder zu einem Massenaufruhr, aber auch gegen das eingesetzte Personal an der Grenze kam es öfters zu aggressiven Handlungen seitens Gruppierungen von Flüchtlingen.
Diese Vorfälle mussten durch die eingesetzten MP's im Vorfeld verhindert oder gegebenfalls beendet werden.
In diesen Fällen war es sehr wichtig, dass die eingesetzten MP's dementsprechend auf solche Situationen vorbereitet waren.
Dazu gehörte vor allem ein entsprechendes Know-how an Abwehrmaßnahmen gegen körperliche Gewalt unter verhältnismäßigen Bedingungen.
So hatten wir einige Vorfälle, wo wir uns bei Raufhandlungen oder Aufruhr durch das Einsetzen von Boxtechniken zur Wehr setzten.

Fazit:

In solchen Fällen, wie oben erwähnt, ist ein Training der Einsatztechniken (Selbstverteidigung und Zwangsgewalt) von sehr großem Vorteil.
Um ein sicheres, konsequentes, verhältnismäßiges und erfolgreiches Einschreiten, der eingesetzten Soldaten zu ermöglichen.

Persönliche Erfahrung von F. S., Türsteher und Buckel [bugl] von Unterweltgrößen

(...) ich wurde von einem Wimpernschlag zum nächsten eine unaufhaltsame Bestie, die wie in Trance ausführte. – Der innere Auftrag, „ALLE ausschalten." – Erst als es keine Gegenwehr mehr gab, wurde ich aus meinem Zustand langsam wach. – Keine Freude! ... nur endlose Leere!

In den meisten Fällen waren es mehrere Gegner, was letztlich noch schlechter war, weil ich, um so mehr „Angst" ich hatte, um so kompromissloser in meiner Ausführung wurde. – Ich hatte immer Angst! Aber ich konnte diese Angst nicht zuordnen. – Möglicherweise war diese intensiv gefühlte Angst ein inneres, unbewusstes Warnsignal; um mich daran zu hindern, über meine Kräfte zu gehen und Grenzen zu überschreiten.

... Diese Angst wich dann urplötzlich, absolute Ruhe, alles wurde leicht, als würde die Zeit still stehen. – Ich kann es mir heute noch immer nicht schlüssig erklären, aber ab einem gewissen Punkt gab es weder Angst, noch Schmerz und auch kein Denken mehr! ... Ich war von jetzt auf jetzt nur mehr Maschine ohne Gnade, ohne Rechtsempfinden, ohne einen Gedanken an Konsequenzen oder irgendetwas. Meine auserwählte Schutzperson oder das zu beschützende Objekt wurde von mir kompromisslos verteidigt, egal ob der Gegner eine Person war oder es sich um eine Gruppe handelte.

Erfahrungsbericht von H. P., Polizist bei speziellen Einsätzen:

Erster Fall:

Eine Person, nennen wir diese Person „Y".

Y befindet sich in seiner Wohnung. Plötzlich stürmen Polizisten – legitim – die Wohnung (Hausdurchsuchung).

Y hat unter seinem Polster einen Revolver. Als er den 1. Polizisten sieht, greift Y unter den Polster, greift den Revolvergriff und wollte die Waffe gegen die Polizisten richten.

Aufgrund des schnellen Reagierens der Beamten, aber auch wegen der lautstarken Tätersprache sowie des schnellen Fixierens des Täters konnte Schlimmeres verhindert werden.

Hintergrund: Y war ein bekannter Straftäter.

Y war es egal, ob er überlebt oder stirbt. Daher hätte er auch auf den Polizisten geschossen.

Zweiter Fall:

Eine Person, nennen wir diese Person „Z".

Z wurde einer Personenkontrolle unterzogen, da er mit einem Benzinkanister gesehen wurde. Grundsätzlich nichts Verbotenes, jedoch war sein Verhalten auffällig.

Als Z ein Feuerzeug in die Hand nahm, wurde schnell reagiert und Z wurde fixiert.

Z gab an, dass er einen Polizisten und sich in Flammen setzen wollte.

Z leidet unter einer psychischen Erkrankung. Der Hass gegen die Polizei führte dazu, dass er diese Tat umsetzen wollte.

Was haben diese Einsätze gemeinsam?

Man kann nicht wirklich in einen Menschen hineinsehen...

- Stress
- Angst
- Respekt vor der Situation
- Teilweise eine nicht kalkulierbare Situation
- Schnelles Agieren/Einschreiten
- Taktisch richtig reagieren
- Eine Erinnerung (...)

Wieso wurden die Einsätze gut gelöst?

Man kann das relativ kurz zusammenfassen:

Es liegt an der **Persönlichkeit** der Person/Polizist und an der **Ausbildung**!

Das war ein erster Einblick in unterschiedlichste Erfahrungen aus Einsätzen mit Anwendung einsatzbezogener Körperkraft und aus der Sicht eines „Aggressors".

Warum „einsatzbezogene Körperkraft", warum „Kämpfen"?

Das Verhalten des „Gegenübers" hat sich verändert!

Heutzutage zeigt häufig ein „Ziehen der Waffe" bzw. die Androhung physischer Gewalt bei einem **gewaltbereiten** (Alkoholisierten und/oder unter Drogen stehenden...) Gegenüber KEINE WIRKUNG und nach Ausschöpfung aller Möglichkeiten der Kommunikation, Deeskalation, Abmahnung, Androhung von Zwangsmaßnahmen (...) bleibt nichts anderes über als ein Durchsetzen der Rechtshandlungen mit Maß haltender Körperkraft und:

> „Die Armeen hochzivilisierter Länder sind vom zivilen Denken so stark beeinflusst, dass sie im Bestreben, keine Ideen zu verbreiten, welche zivile Empfindsamkeiten verletzen könnten, gelegentlich ihre eigenen Grundsätze missachten".

S.L.A. Marschall: „Soldaten im Feuerkampf. Verlag Huber & Co, Frauenfeld 1996

Fazit:

Wie schulen wir bewusst agierende Soldaten, die niemals in einer derartigen aggressiven Stresssituation standen und oft in Sekundenbruchteilen entscheiden müssen:

- Distanz und Deeskalation möglich?
- Abwehr und Folgetechnik angemessen in der Verhältnismäßigkeit?
- Waffengebrauch?

Dies zwingt Angegriffene oft zu falschen Handlungen!

Dazu halten wir uns nochmals eine Situation vor Augen:

> Ein Sportfreund, Marcus, Polizist und Kampfsportler wurde im Dienst zu einem Raufhandel am Schwedenplatz gerufen. Als er dort ankam, sah er wie ein bulliger Mann einen anderen am Hals festhielt und auf ihn einprügelte. Eine große Menschenmenge stand herum und mein Freund lief hin. Jetzt hatte er wenige Sekunden um eine Entscheidung zu treffen...

Wie würden Sie handeln?

Man kann oft nur „verlieren"; entweder Überschreitung der Befugnisse aufgrund **Stress**, **Überforderung** und **Erschöpfung** oder eigene schwerste Verletzungen bis zum Tod.

Um als Soldat Rechtshandlungen mit einsatzbezogener Körperkraft durchzusetzen, zu schützen und den Auftrag zu erfüllen muss er sich kontrolliert, **emotional stabil und mit Übersicht** verteidigen und KÄMPFEN können.

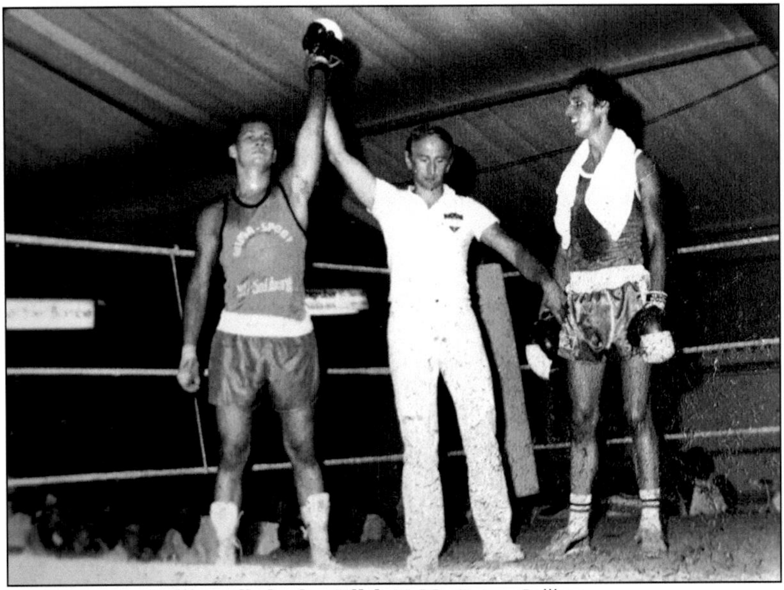

Pelikan links im Bild 1983. Fotos: Pelikan.

KÄMPFEN lernt man nur im KAMPF!

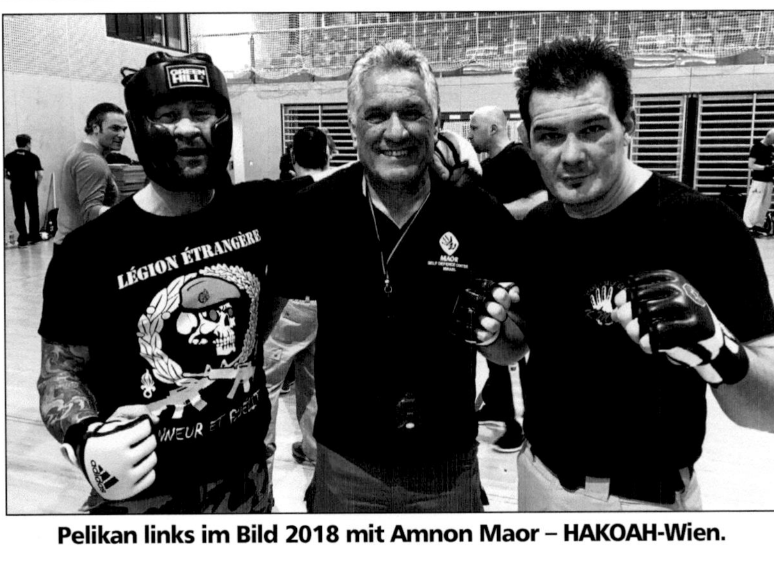

Pelikan links im Bild 2018 mit Amnon Maor – HAKOAH-Wien.

Das Heeres–Sportzentrum als Kompetenzzentrum für Körperausbildung im Österreichischen Bundesheer ist bestrebt, Anforderungen (Selbstverteidigung), die Soldaten in der Erfüllung ihrer Aufträge zu erwarten haben, in der Körperausbildung (Kampfsport) abzubilden und adäquate Zubringerleistungen aus dem Sport bereitzustellen.

Operatives Querschnittskonzept „Körperliche Leistungsfähigkeit" – BMLV

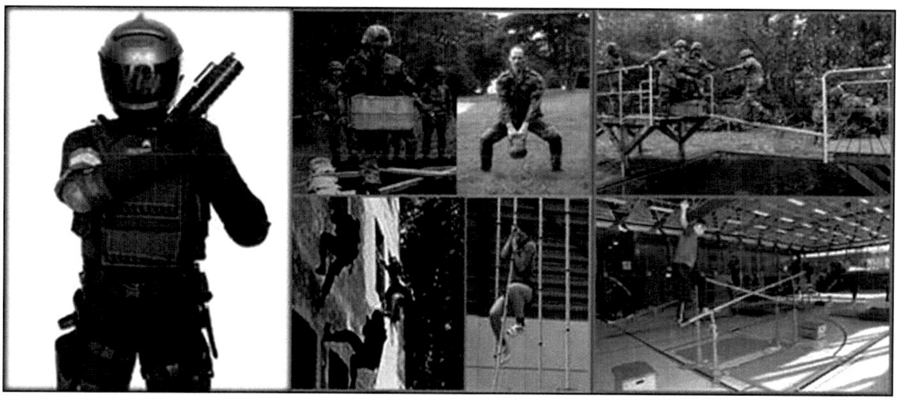

Das operative Querschnittskonzept „Körperliche Leistungsfähigkeit" (KLF) ist jene strategische Planungsgrundlage, in welcher die Rahmenbedingungen und Prinzipien zur Förderung der Gesundheit sowie zur Herstellung und Erhaltung einer anforderungsbezogenen körperlichen Fitness beschrieben sind.
Das Kernstück des Konzeptes „KLF" ist ein ressortspezifisches Fitnessmodell, welches im Wesentlichen vier aufeinander aufbauende Ebenen umfasst, welche durch unterschiedliche Ausrichtungen und Rahmenvorgaben charakterisiert sind.

Die einzelnen Ebenen beschreiben jeweils Zielzustände einer den Aufgaben und Anforderungen am Arbeitsplatz angepassten körperlichen Belastbarkeit, Leistungsfähigkeit und Fitness.

Wie im Fitnessmodell (s. Abb. 1) vereinfacht dargestellt, können die einzelnen Ebenen sowie deren körperliche Anforderungen und Zielsetzungen gemäß den festgelegten Definitionen charakterisiert und beschrieben werden.

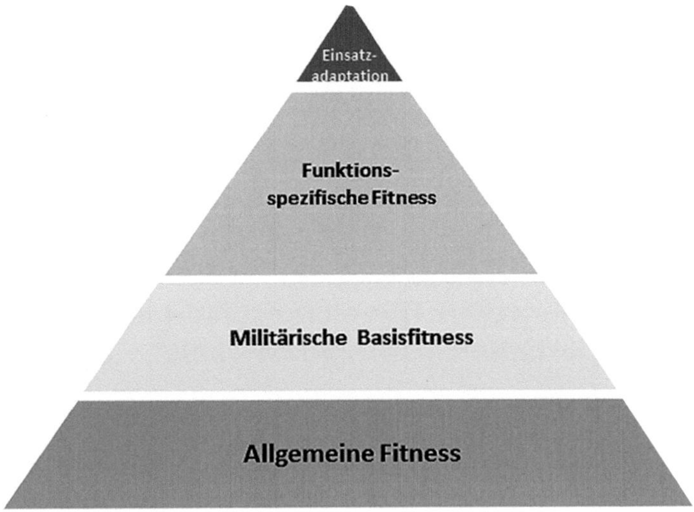

Abb. 1.

Allgemeine Fitness
bezeichnet den Zustand einer stabilen Gesundheit und Leistungsfähigkeit zur Bewältigung und Erfüllung von Aufgaben und Tätigkeiten an Arbeitsplätzen mit geringen körperlichen Anforderungen. Die trainingsmethodischen Schwerpunkte in dieser Modellstufe liegen daher insbesondere in gesundheitsfördernden und präventiven Übungen hinsichtlich des Herz-Kreislaufsystems und des Bewegungsapparates.

Militärische Basisfitness (siehe Seite 19)

Funktionsspezifische Fitness
ist ein Zustand der Belastbarkeit und des speziellen Leistungsvermögens zur Bewältigung und Erfüllung von waffengattungs- und funktionsspezifischen Aufgaben und Anforderungen wie z.B.

- der Kampf in urbanem oder hochalpinem Gelände,
- das Bewegen und Arbeiten im schweren Bombenschutzanzug,
- das Beladen von gepanzerten Kampf- und Gefechtsfahrzeugen und
- das Errichten von Sperren und Brücken.

Die methodische Schwerpunktsetzung liegt in dieser Stufe in (militär-) spezifischen Belastungsformen im Training und in der Ausbildung.

Einsatzadaption
In besonderen Fällen kann aufgrund erhöhter Gesamtbelastungen (z.B. hoher psychischer Stress, besondere klimatische Belastungen, hohe Belastungs- bzw. Einsatzdichte über längere Zeiträume) eine spezielle Anpassung bzw. Optimierung der KLF und Belastungsverträglichkeit an die jeweilige Einsatzcharakteristik notwendig werden (Einsatzadaptation).

Militärische Basisfitness

bezeichnet einen Zustand der Belastbarkeit und des Leistungsvermögens zur Bewältigung und Erfüllung militärischer Grundaufgaben und -anforderungen aus körperlicher Sicht wie z.B.

- Marschieren mit Gepäck
- Schießen unter Belastung
- Selbstverteidigung
- Heben & Tragen
- Werfen & Schleudern
- Bauen von Stellungen (Graben und Schaufeln)
- Überwinden von Hindernissen...

Jedes Training einer Grundfertigkeit hat ihren methodisch didaktischen Aufbau wie z.B. das Heben und Tragen von Lasten über die Kniebeuge und das Kreuzheben bis zum Verwundetentransport im Gamstragegriff.

Fotos: Dariusz Tomaszewski.

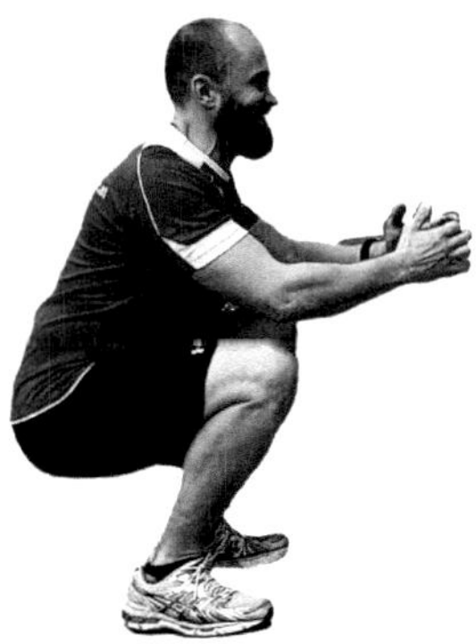

Kniebeuge.

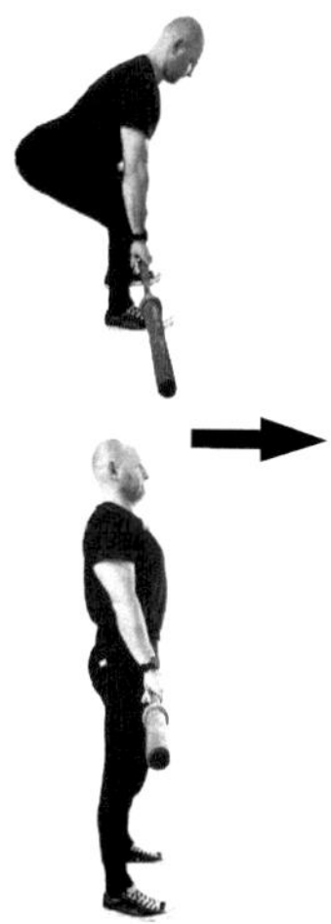

Kreuzheben.

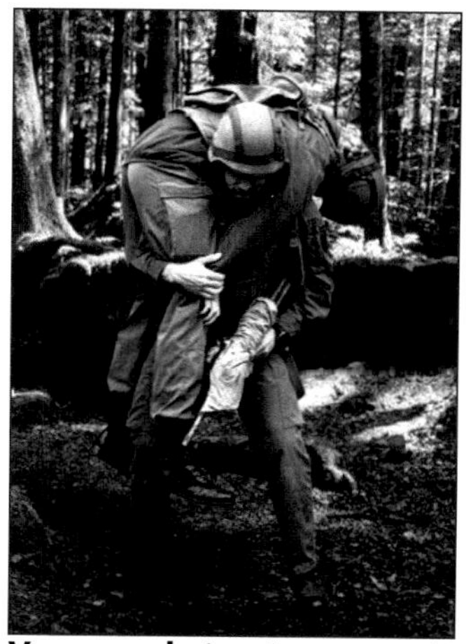

Verwundetentransport.
Foto: HBF.

Wenn wir nun zielgerichtet die Grundfertigkeit Selbstverteidigung trainieren wollen, sollten wir eine Analyse der Anforderungen bei Einsätzen mit Anwendung unmittelbarer Zwangsgewalt machen.

Im Sport ist das ein Anforderungsprofil mit den leistungsbestimmenden Faktoren. Hier mit dem Ziel des Transfers spezieller physischer und psychischer Fähigkeiten aus dem Kampfsport in die militärische Grundfertigkeit – SELBSTVERTEIDIGUNG.

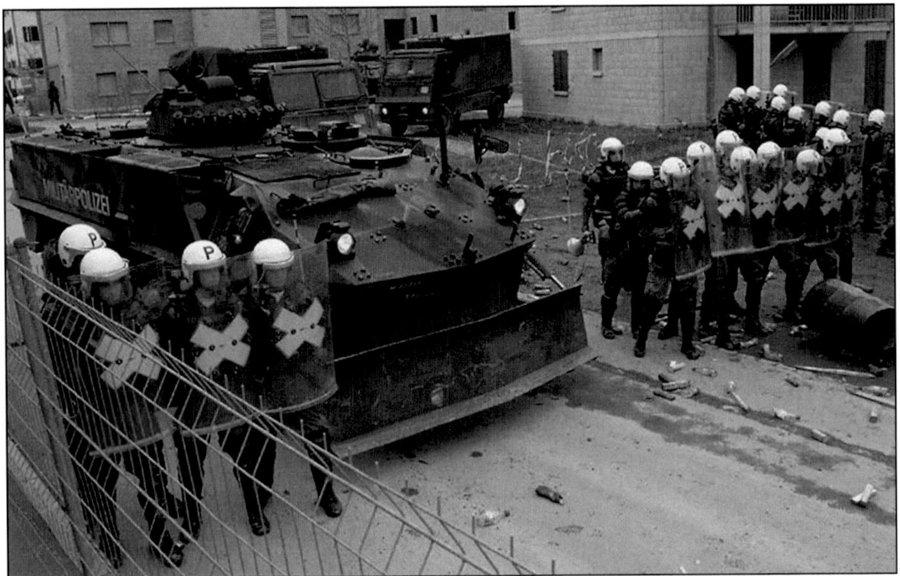

Abb. 1.

Als „Sportart“ nehmen wir den Einsatz zur Kontrolle von aggressiven Menschenansammlungen (CRC Einsatz), die Sperrkette (Abb.1+2) den Greiftruppeinsatz bzw. sicherheitspolizeilichen Assistenzeinsatz (Anwendung von unmittelbarer Zwangsgewalt) (Abb. 3+4).

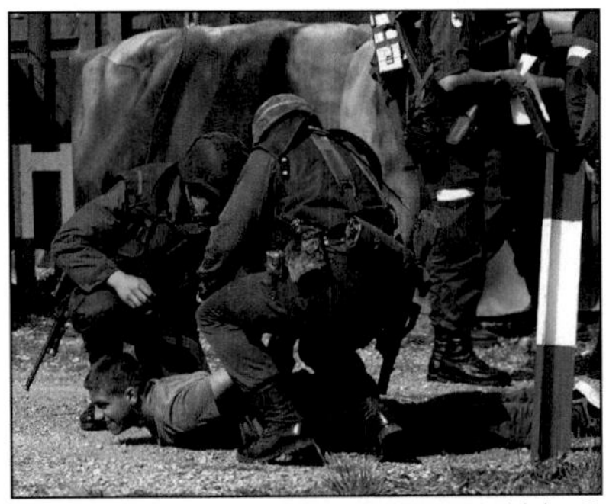

Abb. 3.

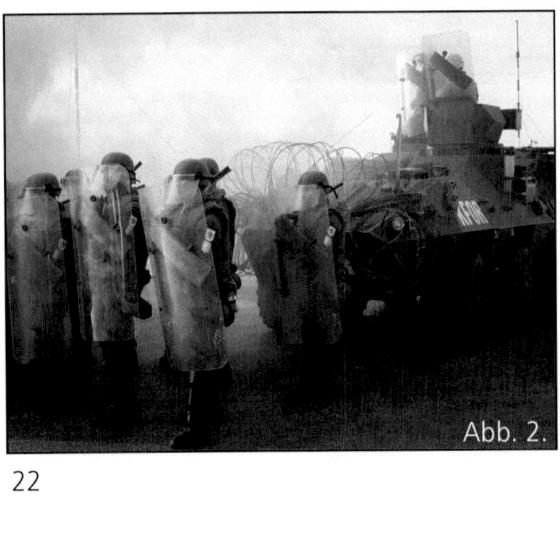

Abb. 2.

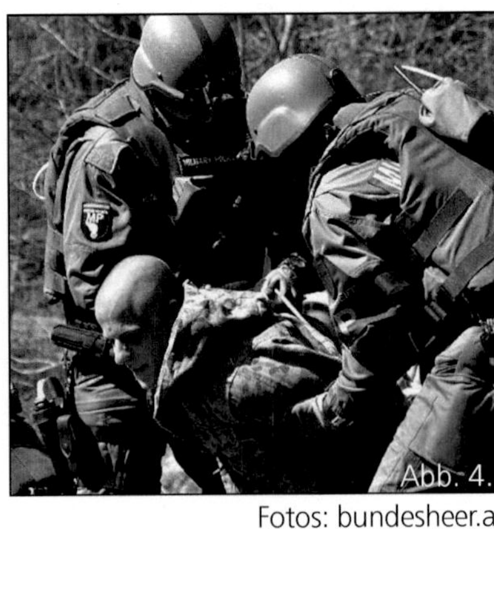

Abb. 4.

Fotos: bundesheer.at.

Hier zeige ich bei meinen Unterrichten immer das Video des Einsatzes Operation „Nehmen OP2". Auf diesem Video sieht man die Räumung einer Sperre im Kosovo und die aggressive Reaktion der Demonstranten mit Einsatz von Schusswaffen, Brandbeschleunigern, Baseballschlägern und vielen Handgemengen.

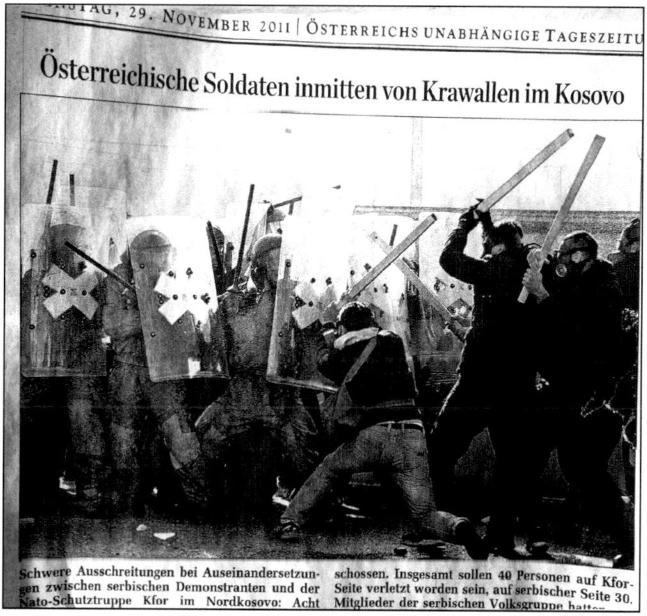

…TAG, 29. NOVEMBER 2011 | ÖSTERREICHS UNABHÄNGIGE TAGESZEITU…

Österreichische Soldaten inmitten von Krawallen im Kosovo

Schwere Ausschreitungen bei Auseinandersetzungen zwischen serbischen Demonstranten und der Nato-Schutztruppe Kfor im Nordkosovo: Acht … schossen. Insgesamt sollen 40 Personen auf Kfor-Seite verletzt worden sein, auf serbischer Seite 30. Mitglieder der serbischen Volksgruppe hatten…

Standard vom 29.11.11.

Österreichische Soldaten
inmitten von Krawallen im KOSOVO
29. November 2011

Bei den gestrigen Unruhen im Gebiet von ZUBIN POTOK im Nordkosovo wurden insgesamt elf österreichische Soldaten verletzt, einer davon schwer. Die Anzahl der Verletzten musste nach oben korrigiert werden, weil mehrere Soldaten in den Nachtstunden medizinisch untersucht wurden. Zudem haben sich erst heute Soldaten mit leichteren Verletzungen gemeldet.

Rückflug nach Österreich

Ein Soldat erlitt eine Lungenprellung. Er wurde in künstlichen Tiefschlaf versetzt, ist inzwischen aber wieder aufgewacht und transportfähig. Es geht ihm den Umständen entsprechend gut. Er wird derzeit im US-amerikanischen Lager behandelt. Vier verletzte Soldaten werden mit einer C-130 „Hercules" morgen nach Österreich gebracht. Die Bundesheer-Soldaten bekommen die bestmögliche ärztliche Versorgung.

bundesheer.at

Für derartige Einsätze wird gezielt bei den Österreichischen Streitkräften in den Bereichen:

- Crowd and Riot Control (CRC) – Überwachung von unfriedlichen Menschenansammlungen, Eindämmung von Krawallen,
- Anwendung unmittelbarer Zwangsgewalt,
- Greiftruppeinsatz,
- Selbstverteidigung und dem
- Militärischem Nahkampf

trainiert.

Ich war damals nach diesem Einsatz bei dem eingesetztem Panzer-Grenadier-Bataillon, um mit den beteiligten Soldaten den Einsatz zu evaluieren. Unabhängig von der sportwissenschaftlichen Analyse im Anschluss gab es hohe Belastungen bei den Umfängen des Einsatzes.

Die eingesetzten Soldaten standen bis zu 3 Stunden durchgehend in der Sperrkette, wurden nur kurzfristig zur Regeneration herausgezogen und hatten Verspannungen im Nackenbereich aufgrund der langen Einsatzdauer mit dem Nachtsichtgerät. Entscheidend für die Psyche war auch die Gruppenkohäsion dieses Verbandes.

Leistungsbestimmende Faktoren im CRC-Einsatz

- **Leistungsphysiologisch:** vorwiegend Mittelauszeitdauer bis Langzeitausdauer in der Sperrkette, Kurzzeitausdauer beim Greiftrupp und Durchsetzung von Rechtshandlungen und Spitzen im anaerob-laktaziden Bereich
- **Kardiopulmonal:** leicht bis mittel erhöhte Herzfrequenz (HF) und Spitzen-Phasen bis 200 Schläge/min.
- **Motorisch:** lange statische Phasen und punktuell Überwindung maximaler äußerer Widerstände und dynamische kurzfristige Phasen bei Anwendung von Zwangsgewalt.
- **Energetisch:** Abdeckung durch aerobe und anaerobe Potentiale (Glykogen- und Proteinsynthese)

Technik/Taktik
Kognitive Fähigkeiten (Wahrnehmung)

- Informationsverarbeitung – Lösung
- Technisch-taktische Kenntnisse
- Hoher Anteil an automatisierten Bewegungsmustern, wie Ausweich- und Abwehrbewegungen, Zugriff- und Schließtechniken etc.

Konditionelle Fähigkeiten

- Kraft (Maximalkraft, Schnellkraft, Kraftausdauer)
- Schnelligkeit (Reaktionsschnelligkeit, Bewegungsschnelligkeit zyklisch sowie azyklisch)
- Ausdauer (Grundlagen- und spezielle Ausdauer)
- Beweglichkeit

Koordinative Fähigkeiten
Zusammenwirken von Zentralnervensystem und Skelettmuskulatur innerhalb eines gezielten Bewegungsablaufs. Besonders hervorzuheben ist:

- Gleichgewicht (stabiler Stand)
- Räumliche Orientierungsfähigkeit
- Kurzzeitreaktion
- Antizipation

Persönlichkeitsmerkmale
Affektive Fähigkeiten

- Willensstärke
- Selbstüberwindung
- Selbstbeherrschung
- Durchsetzungsvermögen
- Emotionale Stabilität
- Selbstvertrauen

Für die tiefergehende Analyse der affektiven Fähigkeiten/Persönlichkeitsmerkmale wie Selbstvertrauen, emotionale Stabilität, Durchsetzungsvermögen und weiteren Faktoren gehen wir in die Psychologie.

Fight – Flight – Freeze

Der Mensch ist seit Millionen von Jahren Jäger und Sammler und unsere Reaktionen im Kampf unterscheiden sich nicht von denen, die unsere Ahnen beim Kampf mit Säbelzahntigern hatten.

Bei bedrohlichen, unkontrollierbar bewertenden Situationen wie einem Kampf kann innerhalb von Sekunden eine Herzfrequenz von über 220 erreicht werden und der Körper schüttet Stresshormone wie Adrenalin, Noradrenalin und Cortisol aus und diese hemmen oder verstärken bestimmte Körperfunktionen.

Einschränkungen durch psychische und physische Belastungen bei einem Kampf:

Bei einer HF von ca. 115 verlieren wir unsere Feinmotorik und wir können nur noch grobmotorisch arbeiten.

Ab einer HF von etwa 140 setzt der Gehirnabschnitt aus, der für unser Gehör zuständig ist.

Bei ca. 180 Hf verlieren wir 70% unserer Sehkraft (Tunnelblick) und dann noch ohne Feinmotorik und eingeschränktem Sehvermögen Handschellen arretieren?

Ab der maximalen HF handeln wir nicht mehr rational und unser Gehirn greift auf „alte", erlernte, einfache und emotional gefärbte Denk- und Verhaltensmuster zurück, die dem Kampf (FIGHT) oder der Flucht (FLIGHT) dienen bzw., wenn beide Optionen objektiv oder subjektiv nur eingeschränkt oder gar nicht möglich sind, erleben wir Ohnmacht und Hilflosigkeit und man kommt in eine Schockphase (FREEZE) mit langsamem Puls, niedrigem Blutdruck, ist antriebslos, erstarrt in Furcht und unfähig zu handeln.

Persönliche Erfahrung

Bei einer der höchsten Nahkampfausbildungen in WIENER NEUSTADT im Bereich Zugriff und Überprüfung der Techniken unter Stress gab ich zwei Nahkämpfern den Befehl, eine Person mit großem Widerstand zu Boden zu bringen, zu fixieren und zu schließen. Nach minutenlangem, heftigem und hoch laktazidem Raufhandel lag die Person fixiert am Boden und der Nahkämpfer, der die ASP-Handfesseln arretieren sollte, war außerstande, diese Feinkoordination rasch (bzw. überhaupt) durchzuführen. Die fixierte Person war aufgrund des Raufhandels, der langen Dauer der Fixierung in der Bauchlage und des Sauerstoffmangels in Panik und schrie „Abbruch" ...

Bei einem anderen Nahkampf-Kurs war mein Auftrag mit 2 Anderen einen deutschen Kameraden ebenfalls zu Boden zu bringen, zu fixieren ...

Der deutsche Kamerad musste mit Gips die Heimreise antreten.

Warum sieht man zumeist verunsicherte, überforderte Polizisten bei überzogenen Amtshandlungen auf YouTube Videos?

Es gibt zwar bei Militär und Polizei das Szenarientraining bei dem trainiert wird, situativ die Auszubildenden in Stress zu bringen und dadurch eine gewisse Schulung der Einsatztechniken/Taktiken und der Psychoregulation zu erreichen. Nur man weiß, ein Fehler im Handeln wird in Ruhe nachbesprochen, hat kein gerichtliches Nachspiel und ist schmerzfrei.

Apropos schmerzfrei; Persönliche Erfahrung

2008 wurde ich von einer großen Kampfsportschule eingeladen, bei einem russischen Ex-SPEZNAZ Elitesoldaten an einer Ausbildung teilzunehmen. Die Messerabwehr wurde mit einem scharfen großen Küchenmesser trainiert, da das Unterbewusstsein das „Spiel", die Unmöglichkeit der schweren Verletzung mit einem Trainingsmesser, erkennt und man völlig anders handelt! **(...meine Arme waren am Ende der Ausbildung mit Schnitten übersät...)**

In der Ausbildung von Einsatztechniken bzw. Anwendung von Zwangsgewalt gilt es, einen didaktisch-methodischen Kompromiss zu finden:

Einsatznahe Ausbildung vs Verletzung

Persönliche Erfahrung, Stefan Pfleger
Fremdenlegion, Kampfsportler

Bei all meinen Straßenkämpfen schaltete sich mein Gehirn von selbst aus und all meine Aktionen, Schlagkombinationen kamen völlig automatisch, da sie durch hunderttausendfaches Training in Fleisch und Blut übergegangen sind. Ich musste in Bruchteilen von Sekunden entscheiden, welche Aktion ich starte. Dazu müssen Augen, Gehör, Psyche und Gehirn geschult sein. **Jemand, der erst überlegen muss**, ob und wie er reagieren soll, hat von vornherein schon verloren.

Persönliche Erfahrung von F. S.
Türsteher und Buckel [bugl] von Unterweltgrößen

(...) Ich habe 1000ende Erfahrungen gemacht, keine war gleich!!! ... Sicher, man oder ich hätte professionelle Vorbereitungen treffen können, was mitunter auch geschehen ist, aber das wäre nicht vergleichbar mit etwas Echtem, in einer Situation ohne Zeit für irgendetwas. Und das ist der Punkt!

Gedanken sind Taten, die nach Verwirklichung verlangen und jeder Gedanke benötigt Zeit, einen Bruchteil von Sekunden nur. Jeder noch so kleine Gedankengang nimmt Zeit, erzeugt unbewusst mögliche Varianten und im „schlimmsten Fall" führen diese entstehenden Gedankengänge mitsamt der besten Ausbildung, der besten Fitness und dem stärksten Willen, DAS RICHTIGE zu tun, **zum STILLSTAND, zum Chaos und zu UNKONTROLLIERBAREN Verhältnissen.**

Wie muss trainiert werden, damit ein plötzlicher aggressiver Angriff beim Durchsetzen einer Rechtshandlung nicht zur Flucht **(Flight),** zum **Fight ohne KONTROLLE**, zum **CHAOS** bzw. gar zum **Freeze** wird?

1. regelmäßiges wettkampfnahes Kampfsporttraining **(Sparring)**

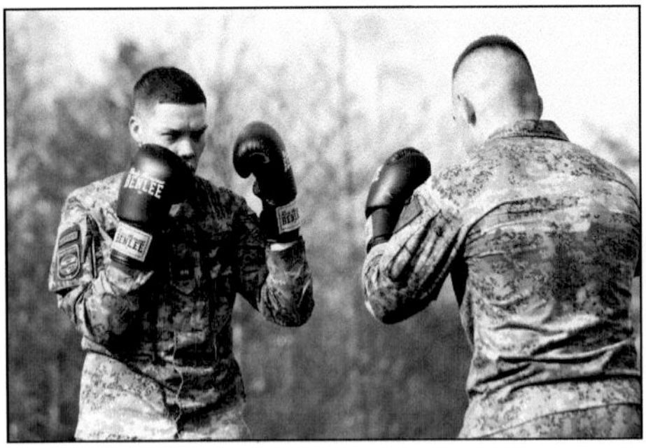

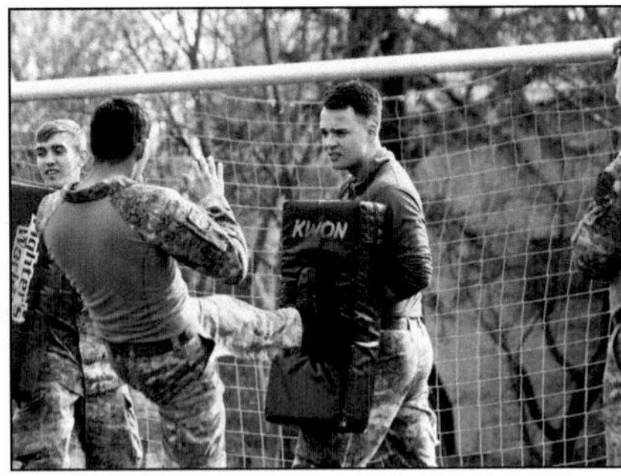

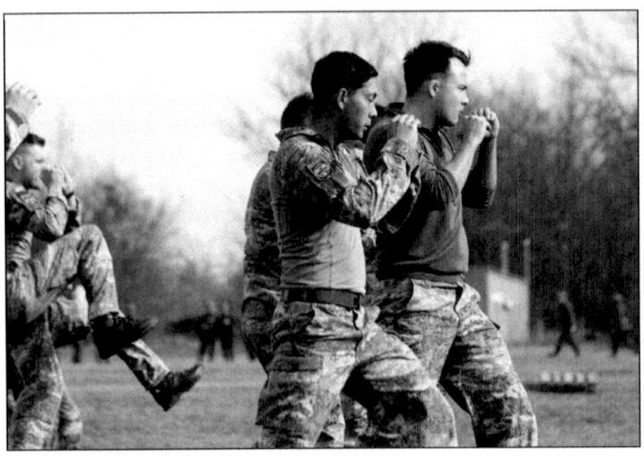

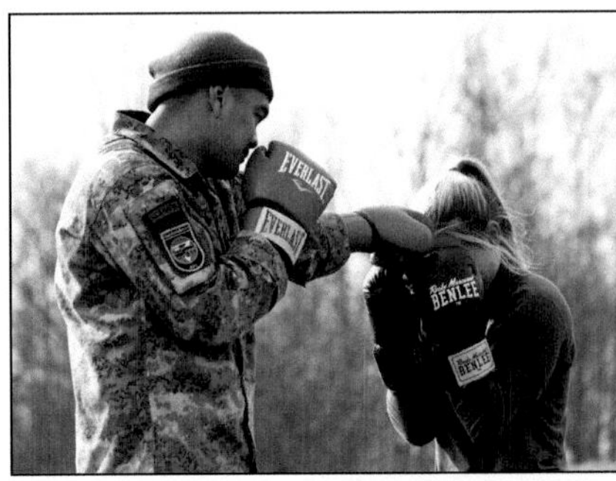

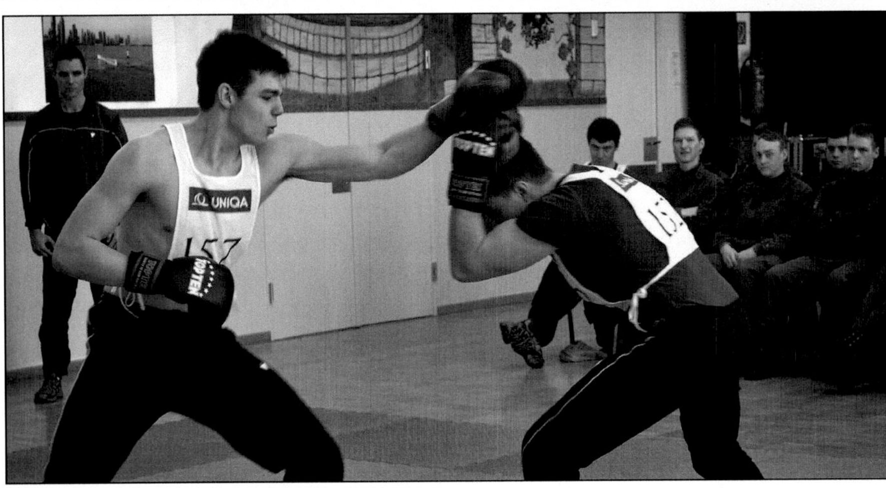

Fotos: bundesheer.at.

Pilot-Projekt in Straß ● Schießen bei Rekruten am beliebtesten ● Viel Zustimmung

„Wehrdienst neu" boxt sich durch

Die erste Testphase ist vorbei, das Bundesheer frohen Mutes: Der „Grundwehrdienst neu" hat seine Bewährungsprobe gut überstanden und wird demnächst auch bundesweit verpflichtend übernommen. Die Rekruten in der Kaserne Straß haben am gestrigen Mittwoch gezeigt, was sie alles gelernt haben.

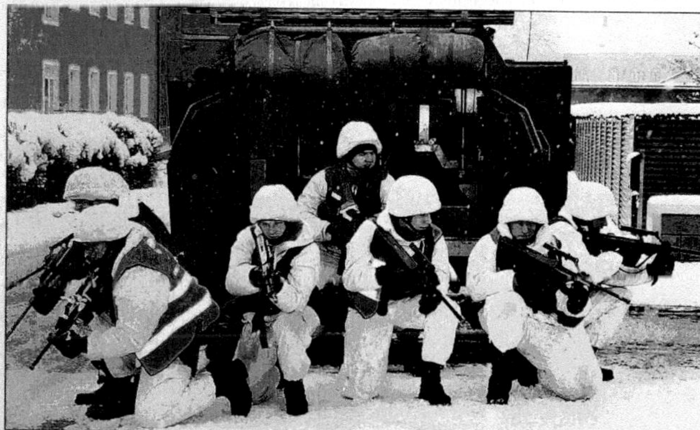

Führungskräfte unter sich: Einer gibt den Ton an, die anderen Soldaten führen die Befehle durch.

Um die Wette robben sie durch den Schnee, trainieren das Schießen mit unterschiedlichsten Waffen, lernen Englisch und Deutsch, vertiefen sich in Erster Hilfe oder versuchen, die richtigen

VON MONIKA KRISPER

Worte beim Führungsverhalten zu finden: 217 Grundwehrdiener haben letztes Jahr mit dem Pilot-Projekt beim Jägerbataillon 17 in der Erzherzog Johann-Kaserne begonnen, welches das überholte Bundesheersystem attraktivieren und die Fähigkeiten des Einzelnen fördern soll.

Fünf Module stehen zur Auswahl: Sport, vertiefende Erste Hilfe, Schießen, eine Sprach- und eine Führungsausbildung. Die Einheit „Katastrophenhilfe" ist aber für jeden verpflichtend zu absolvieren. Die Schieß-Ausbildung ist unter den Grundwehrdienern übrigens am beliebtesten.

Brigadier Jürgen Wörgötter lobt das Projekt, für das er in der Steiermark 80.000 Euro zur Verfügung hatte: „Es war ja vorher auch nicht so schlecht, aber eine Optimierung war dennoch notwendig. Immerhin geht es ja um den Menschen. Und erste Umfragen unter den Rekruten sind positiv verlaufen. In Villach ist das Projekt bereits abgeschlossen, da waren 90 Prozent sehr zufrieden." Bald wird es bundesweit eingesetzt.

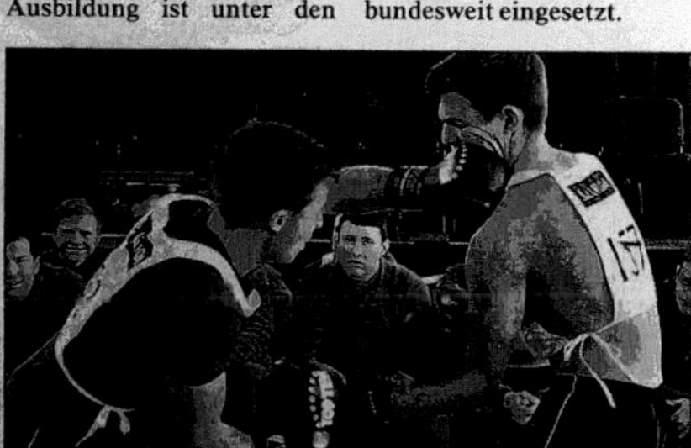

„Military Light Boxing" sorgt für Abwechslung im Heeresalltag

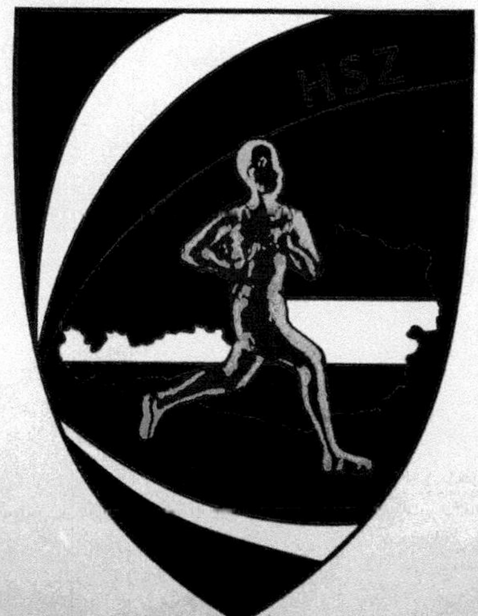

www.bundesheer.at — SCHUTZ & HILFE

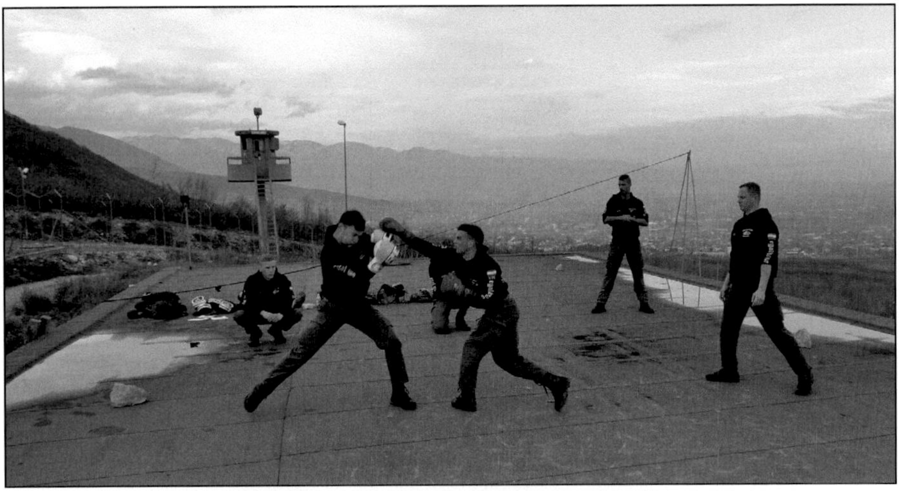

Training im Auslandseinsatz. Foto: Pelikan.

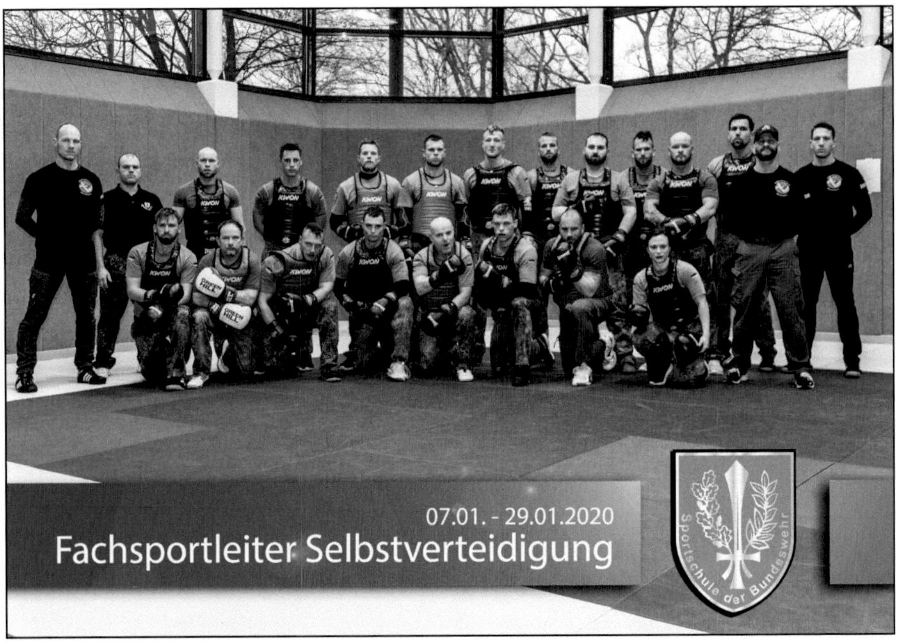

Bilaterale Kooperation mit anderen Streitkräften in den Bereichen Selbstverteidigung und Militärisches Boxen. Foto: Sportschule der Bundeswehr.

2. **EINSATZNAHES** Training z.B. **NACH einer hoch laktaziden Vorbelastung** einen Messerangriff in Nahdistanz abwehren und den Angreifer kontrollieren.

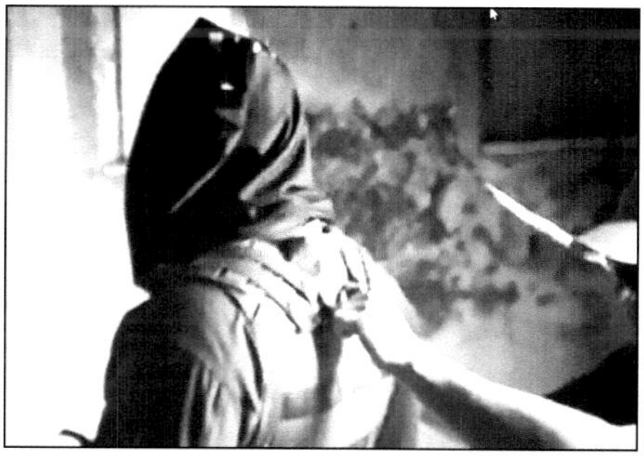

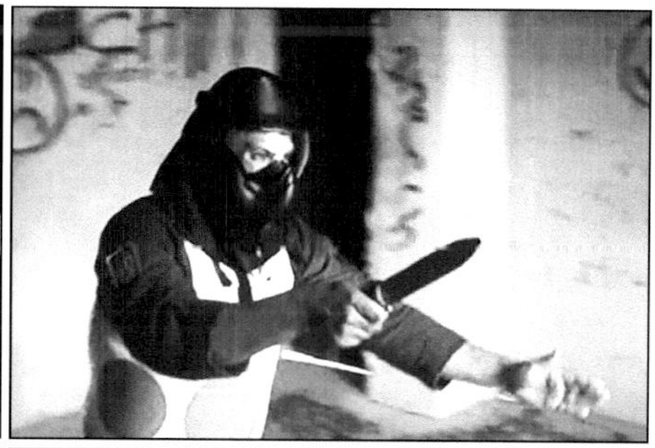

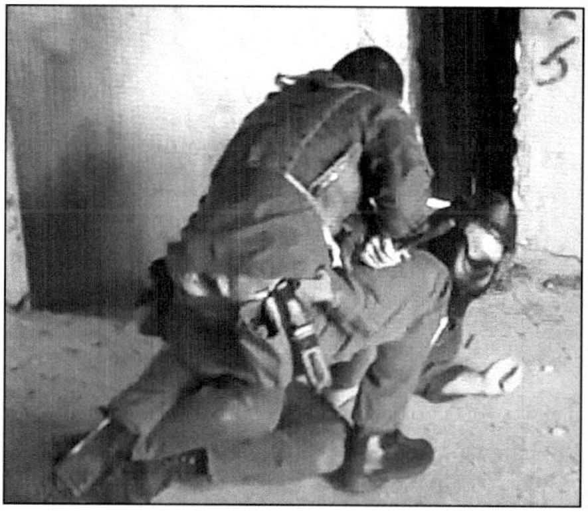

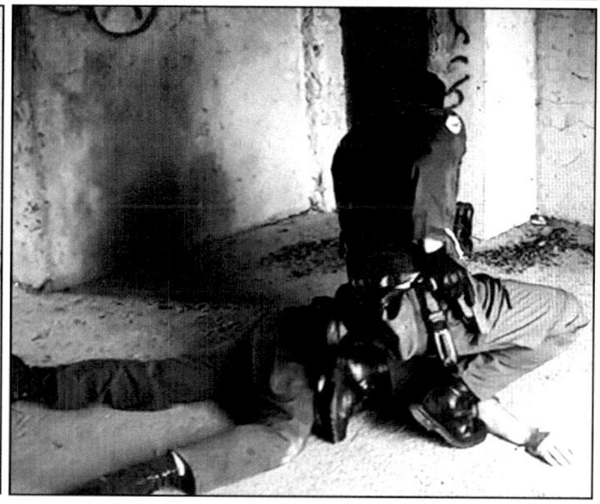

Nahkampfausbilderkurs – Jagdkommando WIENER NEUSTADT. Fotos: Pelikan.

Persönliche Erfahrung

2002 nahm ich an einer NATO-FIBUA (Häuserkampf) Ausbildung in Warminster, GB teil. Den Zugriff mussten wir durch **vernebeltes und mit Stacheldraht verstärktes Gelände** durchführen (...), beim Eindringen in den Raum umklammerte mich überraschend ein „altes Mutterchen“. **Intuitiv und ohne Rücksicht warf ich Sie** zur Seite und sicherte weiter meinen Bereich...

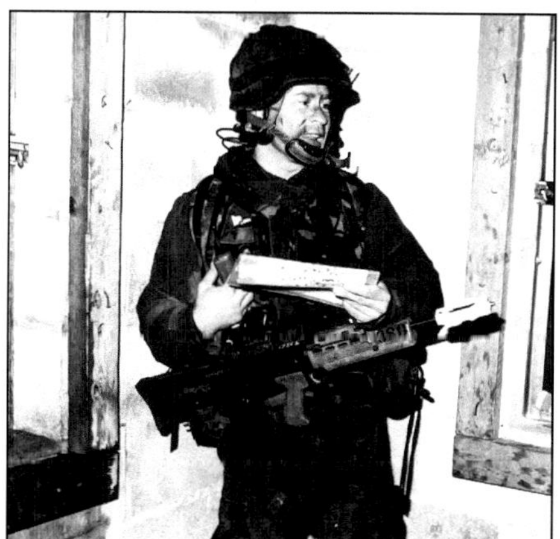

Foto Pelikan: **Warminster - GB 2002.**

Training von Einsatztechniken nach Vorbelastung durch Miltärisches Boxen.

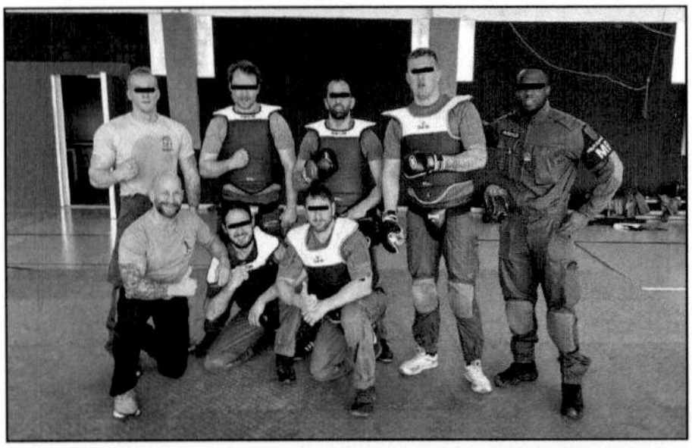

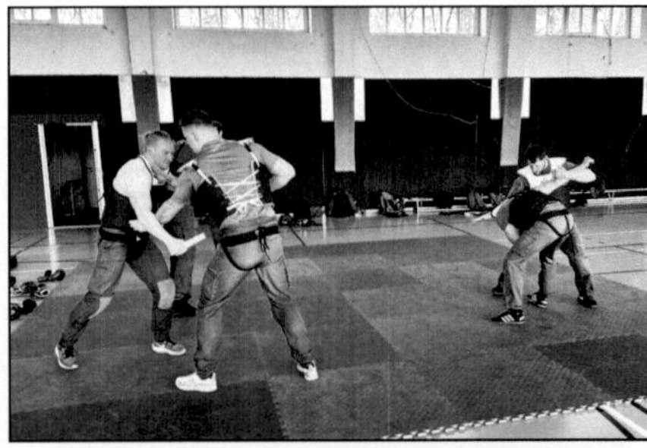

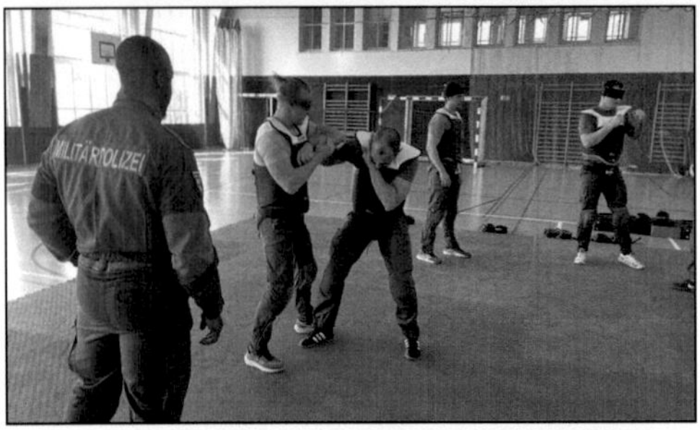

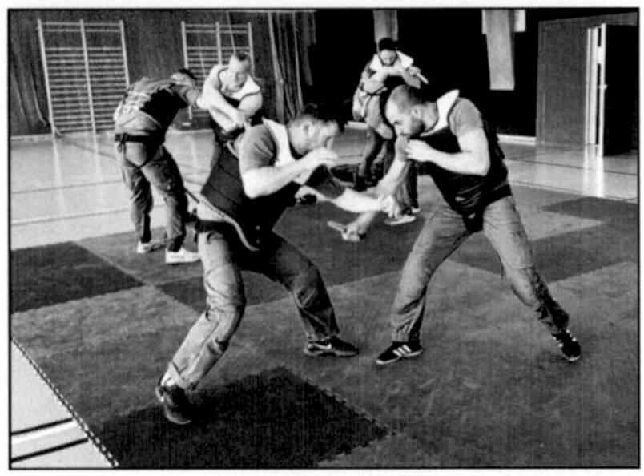

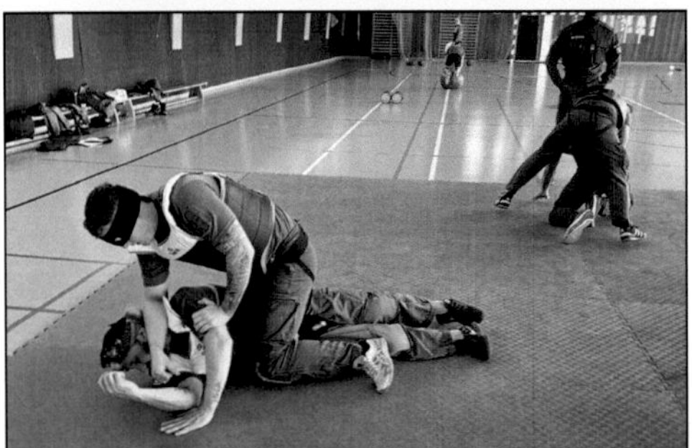

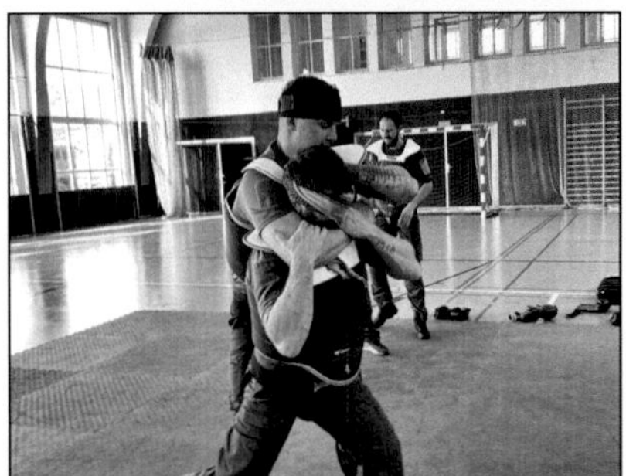

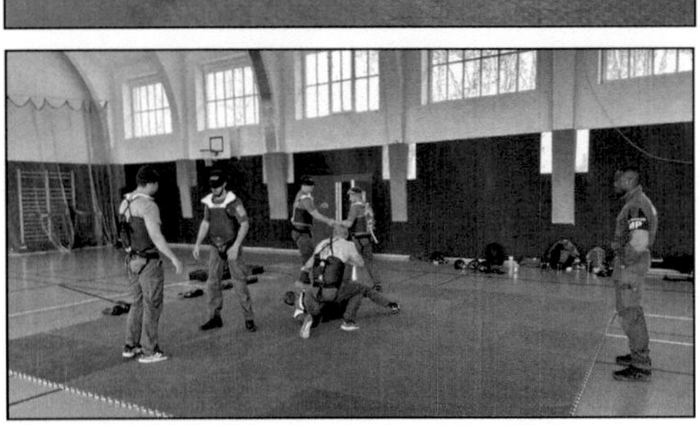

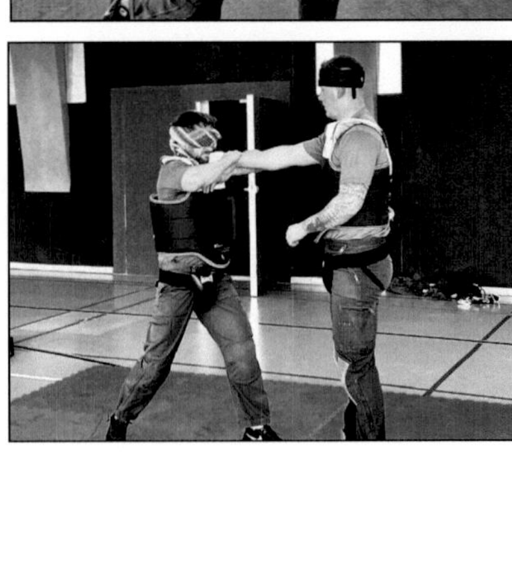

MP – Maria-Thersien-Kaserne WIEN. Fotos: Pelikan.

Auswahlverfahren für Ranger – USA 2022
Leistungsbereitschaft als Eignungskriterium.

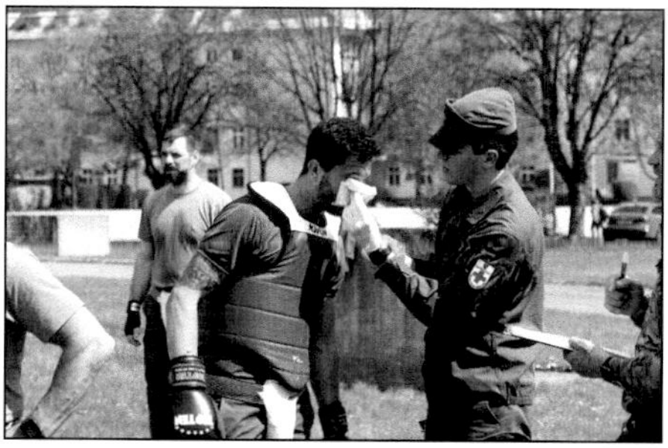

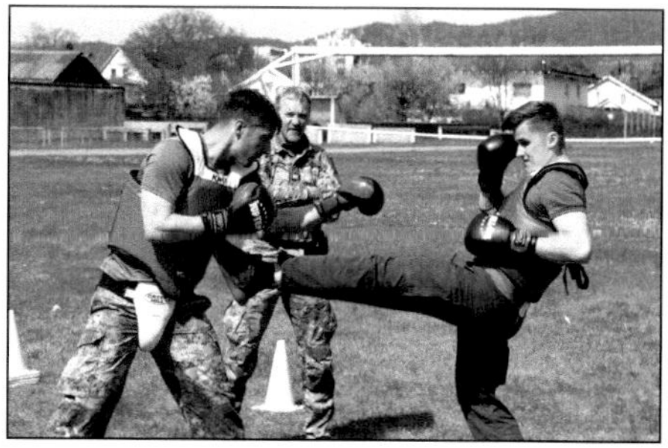

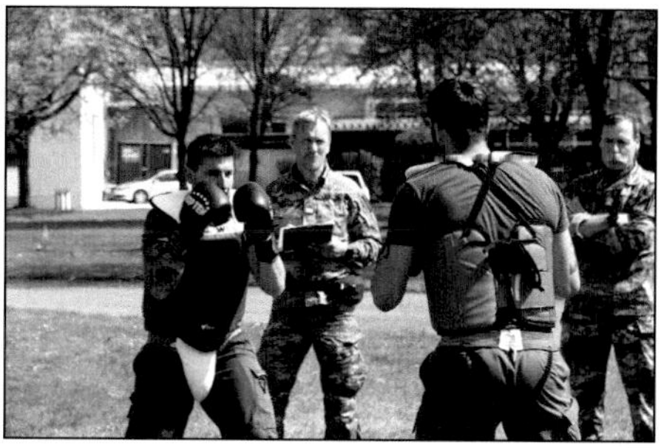

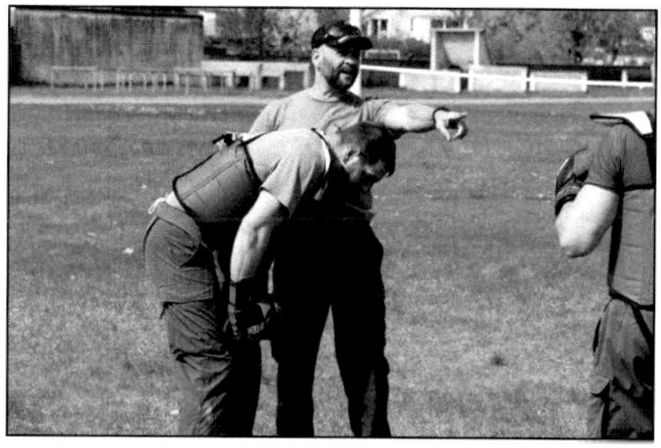

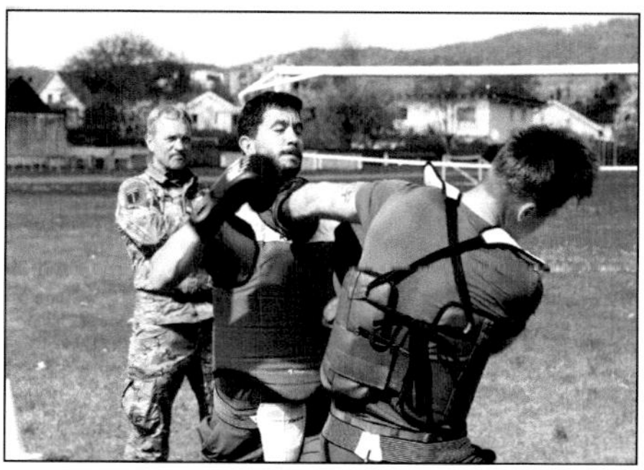

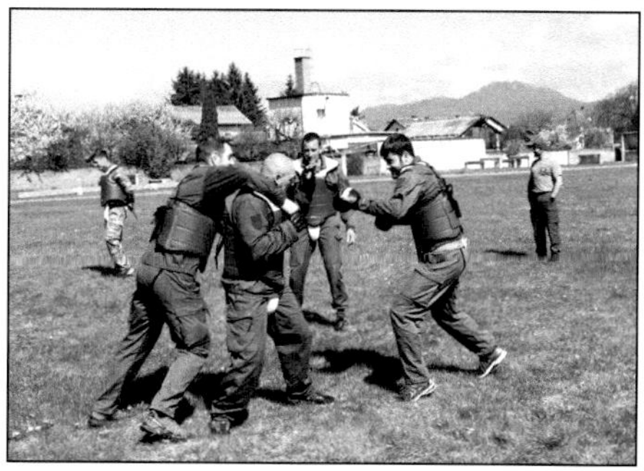

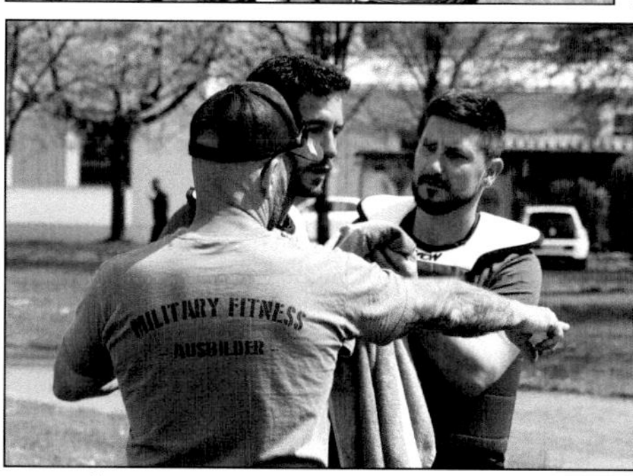

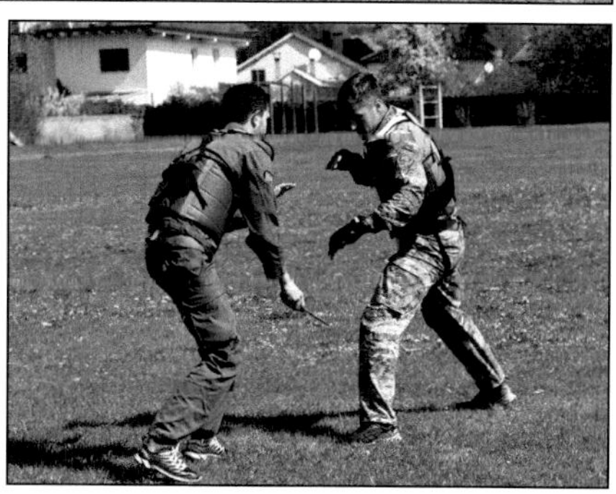

Fotos: ÖA 7. JgBrig.

Der Kampf beginnt im Kopf

Wobei auch die geistige Auseinandersetzung mit dem „Kämpfen" eine wichtige Rolle spielt. In Zeiten von Drohnen, Cyberangriffen, Raketenabschüssen über tausende Kilometer findet die Möglichkeit einen Menschen im Zweikampf überwältigen zu müssen, in unserer Selbstwahrnehmung keinen Platz.

Diese geistige Auseinandersetzung mit Kampf und möglichen Situationen, angemessenes und gesetzkonformes Handeln muss jeder im stillen Kämmerlein mit sich selber ausmachen und beginnt beim KÄMPFEN – RINGEN – RAUFEN und der permanenten REFLEXION!

Persönliche Erfahrung

Anfang der 2000er Jahre hatte ich einen Boxer im Halbschwergewicht aus NIGERIA in meiner Boxstaffel. M. HENSHAW war ein harter Fighter und bei einem Turnier saß er im Publikum mit aufgesetzten Kopfhörern. Ich klopfte ihn auf seine Schultern, er nahm den Kopfhörer ab und ich fragte ihn:" Wem willst du boxen, den Russen TRSKA oder den amtierenden österreichischen Staatsmeister?" Er sah mich fragend an und sagte: "Coach, du sagst, wem ich boxe und ich boxe..." Dann setzte er entspannt seine Kopfhörer wieder auf.
Zur Einordnung: HENSHAW' s Rücken war von Verletzungen übersät und aus seinen früheren Erzählungen kämpfte er in seiner Heimat, auf der Straße, gegen mehrere Gegner mit Stöcken, abgebrochenen Flaschen, Messer,....und nun ging er in den Ring gegen **EINEN** gleich schweren Boxer mit **gepolsterten** Handschuhen...

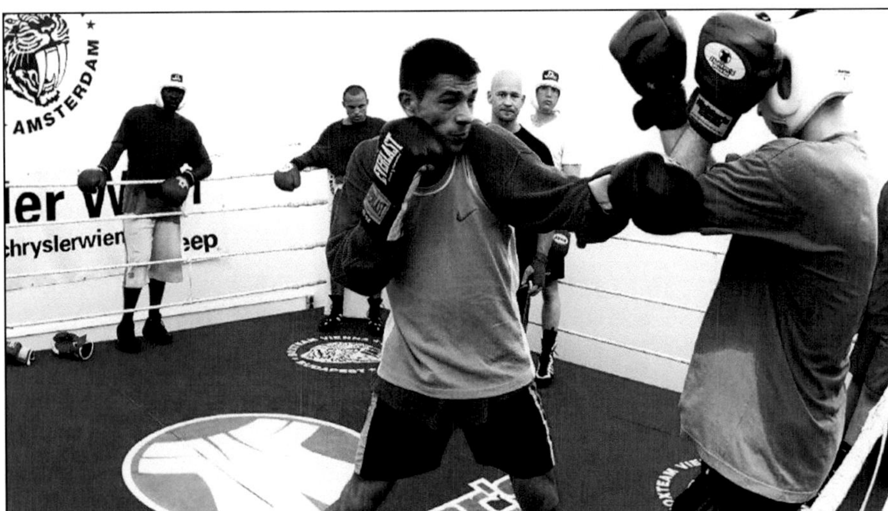

M. Henshaw links im Bild. Foto: Sportmagazin 10/2005.

Ein deutscher, militärischer Personenschützer mit langjährigen internationalen Einsätzen sagte während einer Ausbildung zu mir: **„Lieber von 12 gerichtet als von 6 getragen..."** Ein anderer, israelischer, militärischer Ausbilder zeigte uns beim gemeinsamen Training mit der Borderpolice in Jerusalem eine Videoanalyse von brutalen Messerangriffen auf Soldaten und Polizisten, auf Nachfrage von mir nach Differenzierung der Einsatztechniken antwortete er: **„broke it"** und deutete einen Gelenksbruch an...

Wie handle ich, wenn es um mein Leben geht: Breche ich ein Gelenk bei einer Messerabwehr? Steche ich entschlossen mit dem Finger in die Augen des Angreifers vor einem Takedown*?

Quetsche ich den Kehlkopf mit einem Schockschlag beim Kampf auf Leben und Tod?

Beisse ich in die Brust bei einem Schwitzkasten vor dem „Licht aus" ... und sind diese Handlungen angemessen und verhältnismäßig?

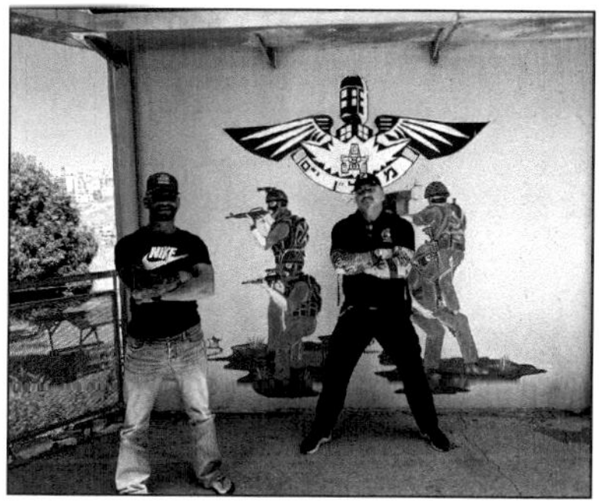

Border Police, Israel 2019. Foto: Pelikan.

Diese Überlegungen müssen ständig beim Training reflektiert und im Team, im Rahmen einer Videoanalyse besprochen werden. Nur in einem rechtlichen, moralischen und ethischen „sicheren" Rahmen kann man rasch und sicher handeln!

Persönliche Erfahrung
Stefan Pfleger.
Fremdenlegion, Kampfsportler

2017 saß ich mit meinem (...) Buddy in der UN-Cafeteria in Bamako, als es einen lauten Knall durch einen Bombenanschlag gab.

Die Wände vibrierten und der Staub stieg vom Boden auf. Die Kantine war voll mit UN-Angestellten und UN-Guzzi Soldaten (UN-Sicherheitspersonal). Wir waren die Einzigen, die sich sofort auf den Boden warfen, denn nach einer IED-Attacke kommt meistens ein Feuerwaffenangriff.

Die anderen, vor allem die Guzzi-Soldaten, saßen mit geöffneten Mund und Augen an ihren Tischen oder standen auf und begannen hektisch zu gestikulieren.

Wäre ein Feuerwaffengefecht dem Bombenanschlag gefolgt, wären viele von ihnen verletzt oder getötet worden. Wenn die Psyche, der Kopf nicht stimmt, kann man das später nur noch bedauern.

* Ein Takedown bezeichnet im Kampfsport eine Technik, die den Gegner aus der Balance und zu Boden bringt, so dass der Angreifer stehen bleibt oder auf dem Gegner landet.

Selbstbewusstes, sicheres Auftreten

Ein wesentlicher leistungsbestimmender Faktor in der Grundfertigkeit Kämpfen liegt in den Persönlichkeitsmerkmalen wie Entschlossenheit, emotionale Stabilität, Durchsetzungsvermögen und Willensstärke. Durch ein sicheres und selbstbewusstes (nicht arrogantes) Auftreten vermeidet man Angriffe.

Eine wahre Geschichte:
Ein drogenabängige Rauschgifthändler behauptet, dass er eine Botschaft von Gott erhalten habe, dass er einen Polizisten töten solle, weil die Polizei seinen Drogenhandel ruiniert.

Um dies zu vollenden, ging er zu einer Kreuzung in der Nähe seines Hauses, um einen Polizisten zu finden, den er töten konnte. An der Kreuzung beobachtete er einen uniformierten Sergeant an einer Tankstelle, der einen Reifen an seinem Streifenwagen reparieren ließ.

Nach seinen eigenen Angaben näherte sich der Täterdem Sergeanten mit der Absicht, ihn zu töten. Man könnte glauben, dass der Polizist nur eine geringe Überlebenschance gehabt hätte. Doch Pinizzotto und Davis (1999) stellten bei der genauen Analyse dieses Falles und zweier weiterer gleich gelagerter Fälle, bei denen der Täter einen beliebigen Polizisten töten wollte, ein interessantes Muster fest:

Die Täter töteten nicht den jeweils ersten Polizisten, den sie trafen, sondern denjenigen, dem sie als Nächsten begegneten. In allen drei Fällen konnten die Täter als Grund für ihr Zögern, den ersten Polizisten zu töten, nur angeben: „Es sah so aus, dass es schwierig war, ihn zu überwältigen."

Man kann aus dieser und anderen Beispielen ableiten:

- Überleben ist kein Zufall.
- Entscheidend ist das aktive Handeln, vor allem das unerwartete Verhalten.

Ein Konflikt kann häufig schon durch eigenes selbstsicheres (nicht überhebliches) Auftreten auf der Grundlage von sachgerechtem Verhalten vermieden werden. (Deeskalation).

Dieses sachorientierte Verhalten lenkt und beeinflusst die Interaktion, denn es zeigt einer gewaltbereiten Person:

- Diese Person **kann sich wehren**
- Sie hat die Situation **unter Kontrolle**
- Die gewaltbereite Person erkennt daraus:
  Es ist besser für mich, wenn ich friedlich bleibe.

Die Psychologie des Kampfes Dr. Uwe Füllgrabe, Hann Münden

Persönliche Erfahrung

Stefan Pfleger.
Fremdenlegion, Kampfsportler

(...) Wie ich Dir schon am Telefon erzählte, die Geschichte aus Toulon: Ich ging mit dem Bruder eines Freundes, der in seinem Leben wahrscheinlich noch nie ne Fliege erschlagen hat, am Mourillon-Strand spazieren, als ich über ein junges Mädchen, von der linken Seite kommend, sagte, sie hätte einen fetten Hintern, was diese auch hörte.

70-80 Meter rechts vor uns auf einer Bank saßen ein paar junge Burschen mit lauter Rapmusik. Der Bruder begann sofort Angst zu haben und teilte dies mir mit, da das junge Mädel sich zu der Gruppe wandte und auf mich zeigend mit ihnen sprach. Ich nahm den Bruder auf die andere Seite, damit ich an der Innenseite zu der Gruppe stand und sagte ihm, dass er sich beruhigen solle. Ich werde ihm mal zeigen, wie man mit solchen Gruppen umgeht.

Der Rädelsführer lies seinen Blick bis zum Ankommen auf seine Höhe nicht mehr von mir ab.

Auf seiner Höhe angekommen, blieb ich stehen, sah ihm in die Augen und fragte ihn, ob es ein Problem gäbe. Natürlich antwortete er mit nein und ich sagte zu ihm, dann ist ja alles in Ordnung und ging mit dem Bruder weiter. Solche Gruppen von jungen (...), oder (...) sind wie Hunde. Spüren sie, dass du Angst vor ihnen hast, greifen sie dich an, egal, ob du nichts sagst, oder zu deeskalieren versuchst. Du wirst immer den Kürzeren ziehen.(...)

Persönliche Erfahrung von F. S.
Türsteher und Buckel [bugl] von Unterweltgrößen

Kirtag im Westen von Wien... Von meinem Tisch aus sah ich wie ein Freund von mir in eine heftige Diskussion mit einem mir Unbekannten verstrickt war. Mein Freund war gut einen Kopf größer als ich und machte mächtig was her, aber ein Kämpfer war er nicht, er war eher ein kiffender Spaßvogel, der gerne mal Streit suchte und diesen offenbar gefunden hatte.

Sein Kontrahent war in meiner Größe, älter und mit Tätowierungen bis ins Gesicht übersät. Ich beobachtete das Geschehen und war sozusagen in Alarmbereitschaft. Wie mir später berichtet wurde, entstand für alle, die in meiner Nähe waren, eine beängstigende Stille die eine unangenehme Spannung für alle mit sich brachte.

Ich sah wie dieser Mann meinen Freund am Hals packte (...)

Das Blut spritzte in alle Richtungen, ich setzte noch einmal nach und mein Gegner, der am Boden liegend, schwer angeschlagen war, versuchte sich zuerst aufzurichten (...)

Mein geschlagener Gegner suchte nicht das Weite, wie ich und andere angenommen hatten, ganz im Gegenteil, er wollte Gerechtigkeit und suchte nach seiner „unfairen Niederlage" die vor Ort befindlichen Einsatzkräfte auf.

Sechs Polizisten in Uniform, die ersten beiden mit bereits gezogenen Schlagstöcken, stürmten in das Bierzelt und näherten sich sehr rasch von hinten, sodass ich sie nicht sehen konnte. Was ich aber sah waren die Gesichter und Augen, die auf mich gerichtet waren. Leute erhoben sich von ihren Bänken und gestikulierten wild durcheinander. Mir war augenblicklich klar, dass sich Gefahr von hinten annäherte. Ich drehte mich blitzschnell um und ging sofort in einen Angriff über.

Den ersten Polizisten traf ich mit voller Wucht mit einer rechten Geraden, sodass dieser sofort bewusstlos KO ging, den zweiten Polizisten mit Schlagstock blockte ich und stieß ihm mit voller Wucht auf einen besetzten Tisch sodass zwei ganze Reihen mit allem, was sich auf den Tischen befand, umkippte und das Bier in den Gläsern in alle Richtungen spritzte.

Ich sah die Überraschung in dem Gesicht des nächsten Polizisten, **der starr vor Schrecken abrupt abbremste und gar nichts machen konnte,** (...)

Mich überkam eine unvorstellbare Angst und eine beängstigende Ruhe, mein Puls war auf 200. Eine Gruppe der Sondereinheit betrat nun gemächlich aber bestimmt das Bierzelt und bewegte sich in meine Richtung, bis hinter ihnen genug Raum entstanden war, um über die Seite mit Nachdruck zu räumen, die andere Gruppe am zweiten Ein- bzw. Ausgang tat es ihnen gleich.

Ich geriet sogleich in Panik und mein Wahnsinn packte mich erneut, ich schlug wild um mich, um mich zu lösen und traf zwischen Freund und Feind keinen Unterschied mehr.

Nun losgelöst griff ich die erste Einsatzgruppe frontal an.

Diese „Polizisten" waren anders als Erstere, sie brachten Gelassenheit und einen Plan mit. So kompromisslos mein Angriff auch war, so kompromisslos wurde mir entgegengesetzt und ich war chancenlos (...)

Sicheres und selbstbewusstes Auftreten durch Kämpfen – Ringen – Raufen bis zum Kampfsport. Gerade in einem Kampfsport wie dem olympischen Boxen mit ständigen Erfolgen und Misserfolgen entwickelt sich durch gezieltes, individuelles wettkampfnahes Training und dem Wettkampf ein Potenzial an Persönlichkeit.

Man kann Tennis spielen, man kann Fußball spielen...

BOXEN
kann man NICHT spielen!

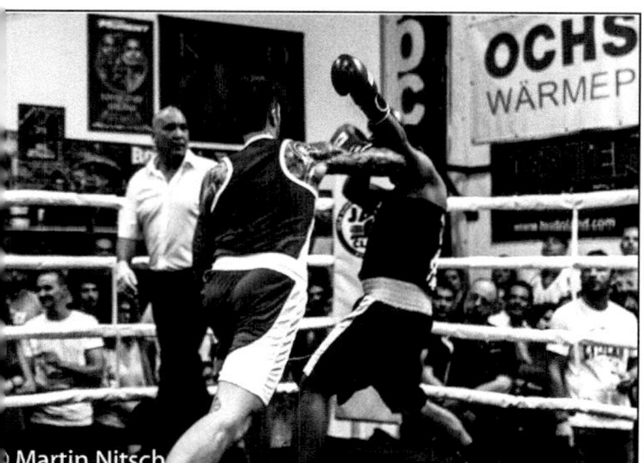

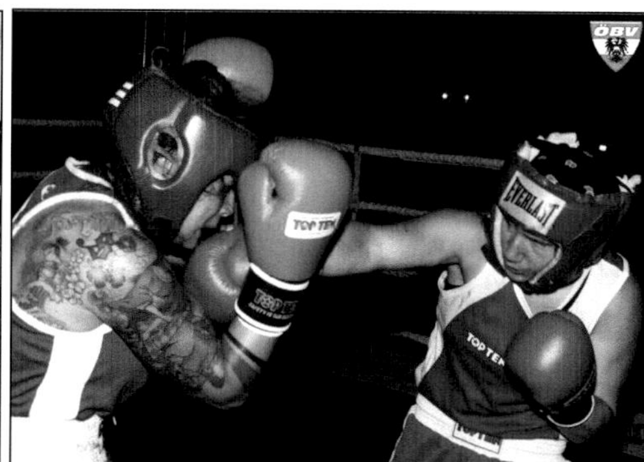

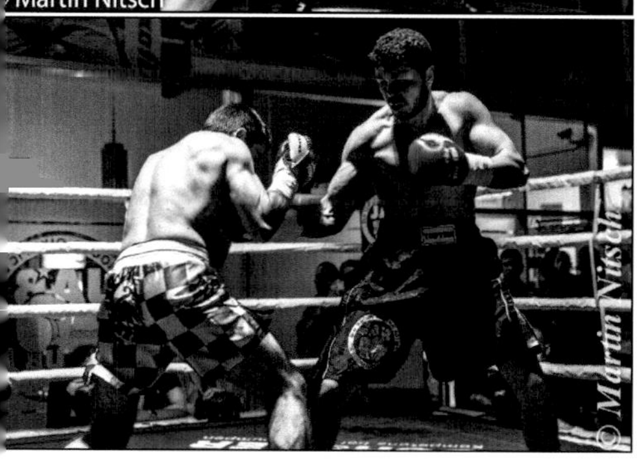

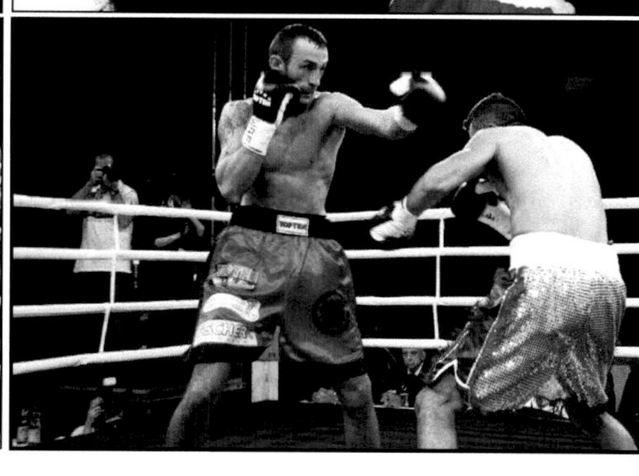

Persönlichkeitsmerkmale, emotionale Stabilität und Willensstärke

In meiner Tätigkeit als Ausbilder für Nahkampf und Militärisches Boxen erzähle ich bei Aus- und Fortbildungen immer die Geschichte vom Anforderungsprofil (leistungsbestimmende Faktoren) eines Spitzenboxers:

1. Technik: Schläge, Verteidigungen, reflexartig, ansatzlos, schnellkräftig können...
2. Taktik, Strategie: Angriff, Verteidigung, Manöverboxen, sich im Nahkampf gegen jeden Gegner durchsetzen ...
3. Spezielle Kondition: Hohe Schlagkraft, Schlagschnelligkeit, und spezielle Wettkampfausdauer...
4. Psychisch-moralische Wettkampfeigenschaften: Kämpferqualität, Stehvermögen, emotionale Stabilität...

Nur was nutzen die beste 1. Technik, 2. Taktik, Strategie, 3. Spezielle Kondition in der der Boxer 12 Runden durchboxt, wenn er gemäß Pkt. 4 ...die emotionale Stabilität zur Ruhe, Kontrolle und Übersicht, bzw. die sprichwörtlich gesagten **„Cojones“**[1] nicht hat, um im entscheidenden Augenblick entschlossen zu handeln und auch Schläge zu nehmen.

Einige befinden sich bei einem Boxkampf in einer Schockphase, mit langsamem Puls, niedrigem Blutdruck, antriebslos, erstarrt in Furcht und nicht fähig, den Kampf zu bestreiten.Den Anderen „legt es den Schalter komplett um“ und sie prügeln unkontrolliert auf den Gegner ein, sind emotional instabil und sind aus dem Kampf (aus einem Zugriffsteam?) zu nehmen.

Persönliche Erfahrung Stefan Pfleger, Fremdenlegion, Kampfsportler

2007-2008 war ich in Afgha als Mentor für die Afghan National Armee (ANA) eingesetzt. Wir waren sechs franz. Berufssoldaten, jeder in seiner Spezialität, in einer Kompanie eingesetzt. Bergkampf, Infanterie, EOD, Medic, Kompaniekommandant und Stellvertreter. Unser Infanteriespezialist war ein höherer Unteroffizier der regulären französischen Armee. Er kannte seinen Job als Infanteriesoldat ausgezeichnet.

[1] **[kochones]**. Das Substantiv Cojones entspricht im Deutschen dem eher derben Begriff „Eier“, anstelle von „Hoden“. Der Ausdruck ist vulgär, hat aber eine positive Konnotation. Er wird umgangssprachlich verwendet, um eine Person oder ihre Handlungen als mutig, kämpferisch zu beschreiben.

Nach einem Monat Training gingen wir das erste Mal mit der ANA ins Gefecht. Als die Kämpfe anfingen und die Kugeln flogen, sah ich ihn nicht mehr.

Er verkroch sich bei jedem Gefecht irgendwo hinter einer Mauer und bewegte sich nicht mehr. Er hatte Angst und konnte dies nicht kontrollieren.

Auch ich hatte Angst, aber durch jahrelanges Training und Erfahrungen kontrollierte ich meine Angst und sie half mir, die Lage richtig einzuschätzen und eine Entscheidung zu treffen.

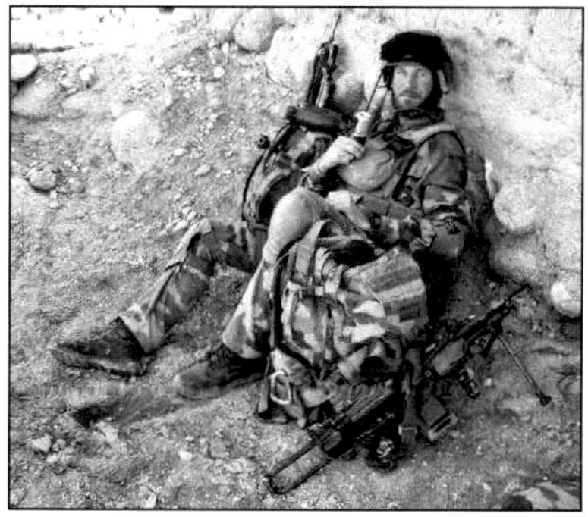

Afghanistan: Foto: Pfleger.

Angst zu haben ist gut! Die Angst hilft dir, ruhig zu bleiben, wenn du sie dir gegenüber eingestehst und sie so kontrollieren kannst.

Genau hier liegt auch der Sinn und Zweck des Wettkampfes bei den Ausbildungen und Meisterschaften im Militärisches Boxen. Der Soldat muss seine Furcht überwinden, Schläge kontrolliert anbringen, aber auch Treffer des Gegners einstecken und weiterkämpfen **(wollen)**.

Die Erfahrung einer realen Konfrontation mit Erschöpfung und der Aussicht auf Schmerzen und Verletzungen ist unabdingbar für jeden Berufssoldaten!

Persönliche Erfahrung

Vor etlichen Jahren schlenderte ich mit meiner Frau am Wiener Naschmarkt und überquerte eine Seitenfahrbahn. Anscheinend nicht rasch genug für den Fahrer eines Busses.

Er bremste abrupt ab, sprang aus dem Auto und stürmte mit lauten Drohgebärden auf uns zu. Er attackierte mich und ich schlug ihn **reflexartig, wie in 100ten Sparring – und Wettkämpfen automatisiert**, zu Boden und wir gingen rasch weiter.

Ein paar Meter weiter drehte ich mich um und sah wie er in seinen Bus sprang, herumwühlte und nun mit einem Schraubenzieher „bewaffnet" auf uns zulief. Bevor er mich noch ein weiteres Mal attackieren konnte, ging ich ihm **automatisiert** (...) einen Schritt entgegen und schlug ihn nochmals nieder (...).

CONCLUSIO:
Selbstverteidigung bzw. Nahkampf stellt eine Basisfertigkeit jedes Soldaten dar. Die Fertigkeiten der Selbstverteidigung und des Nahkampfes in Zusammenhang mit Anwendung einsatzbezogener Körperkraft sind sowohl im Inland als auch bei internationalen Einsätzen zur Auftragserfüllung unumgänglich.

Da speziell in diesem Bereich neben koordinativen (Gleichgewicht, Arm- Beinkoppelung), speziell konditionellen bis zum anaerob-laktazidem Bereich, oft auch psychische Faktoren maßgeblich für das Bestehen im Einsatz verantwortlich zeichnen, muss im Bereich der affektiven Fähigkeiten **zielgerichtet** trainiert werden!

Um unsere Auszubildenden in kurzer Ausbildungszeit in Anwendung von Zwangsgewalt realistisch und einsatznah auszubilden müssen wir zu Beginn der Ausbildung ihren physischen und psychischen Ist-Zustand mit teilweise ungeeigneter Kondition, Koordination und Persönlichkeitsmerkmalen berücksichtigen.

Ein Soldat oder Polizist in Uniform steht für Schutz und Sicherheit und um dies zu gewährleisten, muss er auch zielgerichtet ausgebildet und trainiert werden!

Diese Ausbildung darf sich daher nicht nur alleine auf Technik und Taktik beschränken, sondern ein wichtiger Teil muss sich praktisch, im **Kontakttraining „Mann gegen Mann"** mit den Grundlagen des „Kämpfens", wie **punktuelles Aggressionspotenzial**, emotionale Stabilität, Durchsetzungsvermögen und Entschlossenheit befassen. Durch diese geistige Auseinandersetzung, dem Erleben von Sieg und Niederlage in einem geschützten Bereich entwickelt sich ein verantwortungsvoller Soldat, der Rechtshandlungen angemessen, kontrolliert und mit Übersicht in der Verhältnismäßigkeit durchsetzen kann.

Zusammenfassend nach dieser sportwissenschaftlichen Analyse und Erfahrungen aus Einsätzen im In- und Ausland, werden daher bei den Österreichischen Streitkräften begleitend zur allgemeinen Körperausbildung, der Selbstverteidigung und dem Militärischem Nahkampf zielgerichtet die allgemeinen konditionellen und koordinativen Fähigkeiten über die K3, die speziellen konditionellen, koordinativen und affektiven Fähigkeiten über Kampfsportspiele und Militärisches Boxen

- in der speziellen Erwärmung,
- als Hauptteil
- oder am Ende als konditioneller Teil trainiert.

Abgrenzungen:

	Selbstverteidigung	**Militärischer Nahkampf**	**Kampfkunst**	**Olymp. Boxen**	**Mil. Boxen**
Entwicklung von psychischen, sozialen und charakterlichen Eigenschaften	-	✓ Nahkampfbahn/ Kontaktkampf	-	✓	✓
Spielerische differenzielle Lehrweise	-	-	-	-	✓
Kontrolliertes Sparring und Wettkampf im Leichtkontakt	-	-	-	-	✓
Entwicklung spezieller konditioneller, koordinativer Belastbarkeit	-	✓ Nahkampfbahn/ Kontaktkampf	-	✓	✓

Militärisches Boxen ist eine auf das Militär **zielgerichtete Kampfsportart** als Vorausbildung für Selbstverteidigung, Anwendung von Zwangsgewalt und militärischen Nahkampf und dem Ziel der Entwicklung **spezieller konditioneller, koordinativer Belastbarkeit** und von **psychischen, sozialen und charakterlichen Eigenschaften** durch kontrolliertes Sparring und Wettkämpfe im Leichtkontakt mit einem **strikten Wettkampfreglement**.

„Boxen ist Kampf – wie das Leben;
wie dieses hart und durch Gesetze geregelt.
Boxen ist Erziehung für den Lebenskampf,
Erziehung zur Härte und Disziplin."

Kampf-, Kraft- und Koordinationsübungen „K3"

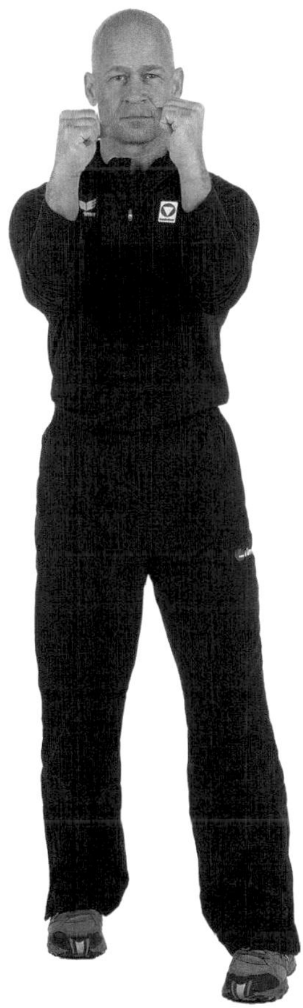

Die Übungsreihe „K3" vereint zehn Übungen aus den Bereichen (Nah-)Kampf, Kraft, und Koordination. Diese zehn Übungen sind:

1. Übung: Kampfhaltung frontal,
2. Übung: Kampfhaltung seitlich,
3. Übung: Handflächenstoß,
4. Übung: Kniestoß,
5. Übung: Liegestütz,
6. Übung: Grätschsprung mit Armstoßen,
7. Übung: Kniebeuge,
8. Übung: Rumpfspannen,
9. Übung: Diagonalsprung,
10. Übung: Rumpfheben.

Es werden dadurch nicht nur konditionelle und koordinative Fähigkeiten trainiert, sondern darüber hinaus werden auch jene Fähigkeiten geschult, die Voraussetzungen für den militärischen Nahkampf darstellen.
Der Vorteil von den Kampf-, Kraft-, Koordinationsübungen – K3 ist die mögliche Ausbildung in Zugsstärke (40 Soldaten) in der Blockaufstellung mit ein bis zwei Ausbildern.

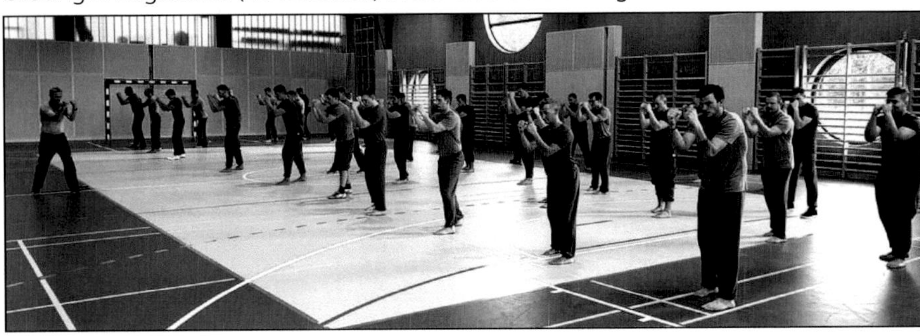

Es wird schon semispezifisch mit den ersten vier Übungen:

- das Stehen und Gehen im Gleichgewicht in der Kampfhaltung (Übung 1 und 2)
- die Arm- und Beinkoppelung, also Bewegung mit Kraftübertragung. (Übung 3)
- das Halten des Gleichgewichtes bei einer Beintechnik mit Armen in Deckung, (Übung 4)

trainiert.

Bei den K3 werden die ersten vier Übungen mit hohen Wiederholungszahlen trainiert.
Die vierte Übung ist nur „begrifflich" der Kniestoß, der jedoch eine Vorübung für den Vorwärtsfußstoß, den Kniestoß und die Abwehr ist. Die Übungen 5 bis 10 dienen der allgemeinen Konditionierung und Koordination.

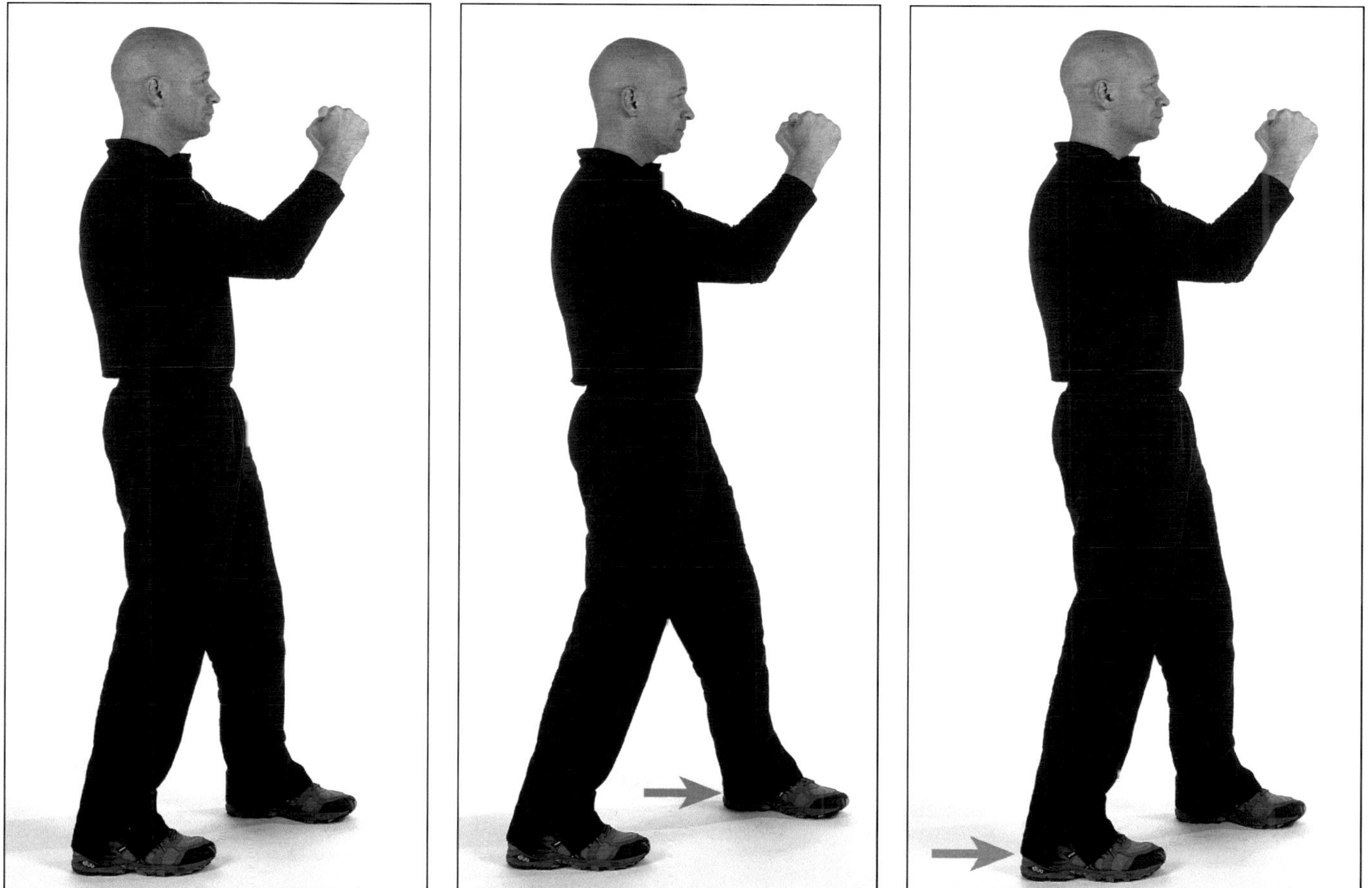

Ü1 – Kampfhaltung frontal. Foto: HBF.

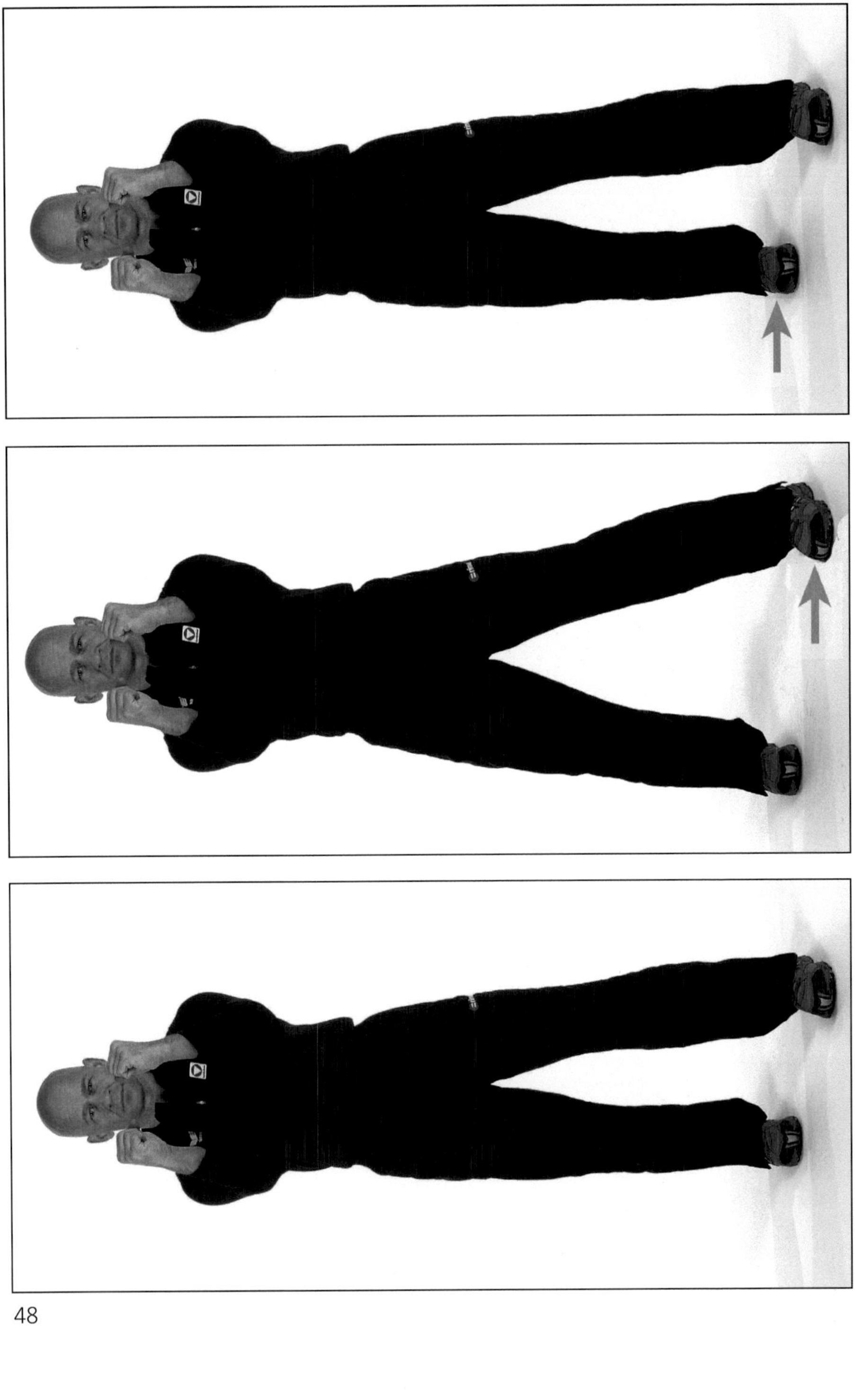

Ü2 – Kampfhaltung seitlich. Foto: HBF.

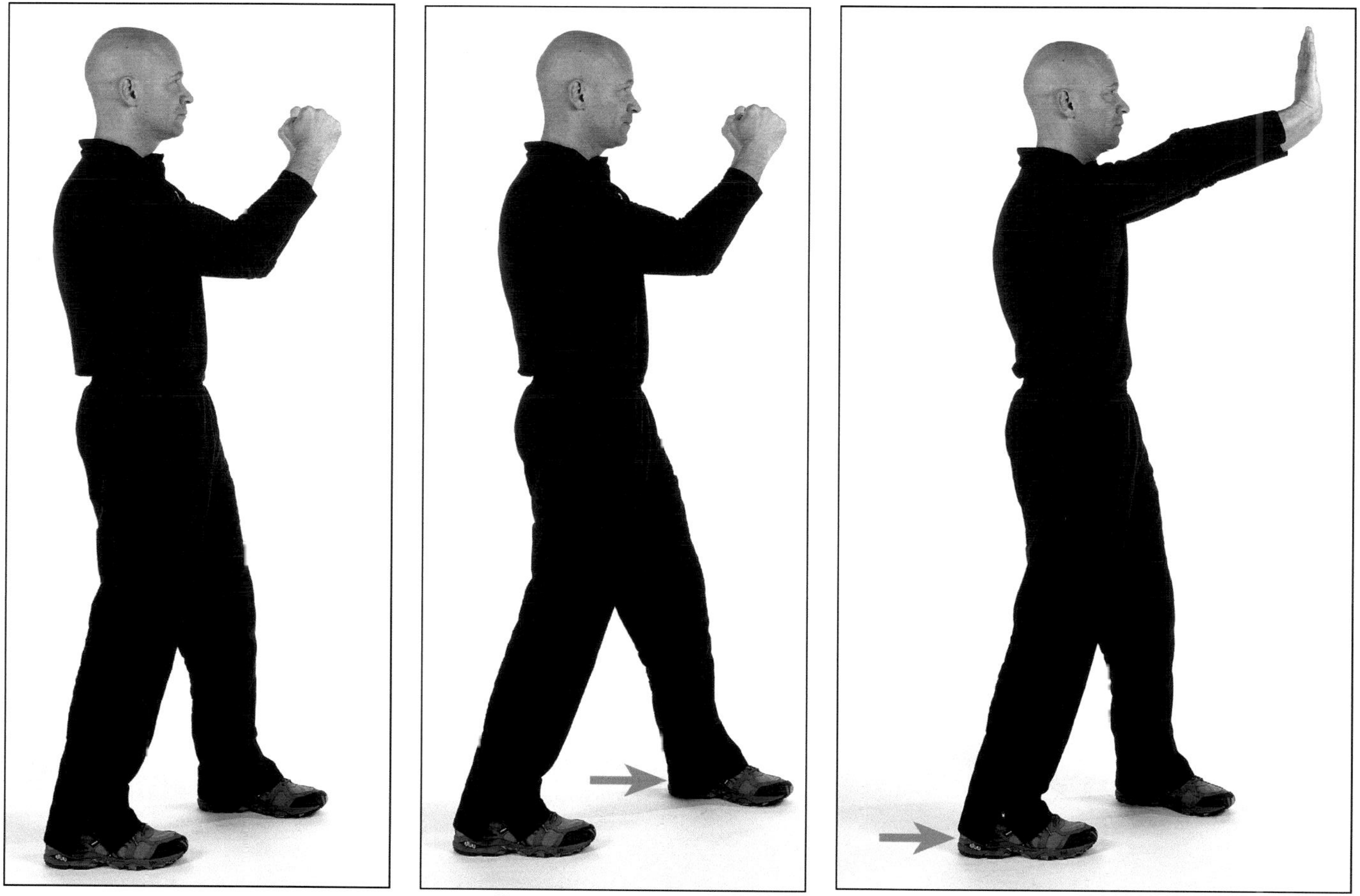

Ü3 – Handflächenstoß. Foto: HBF

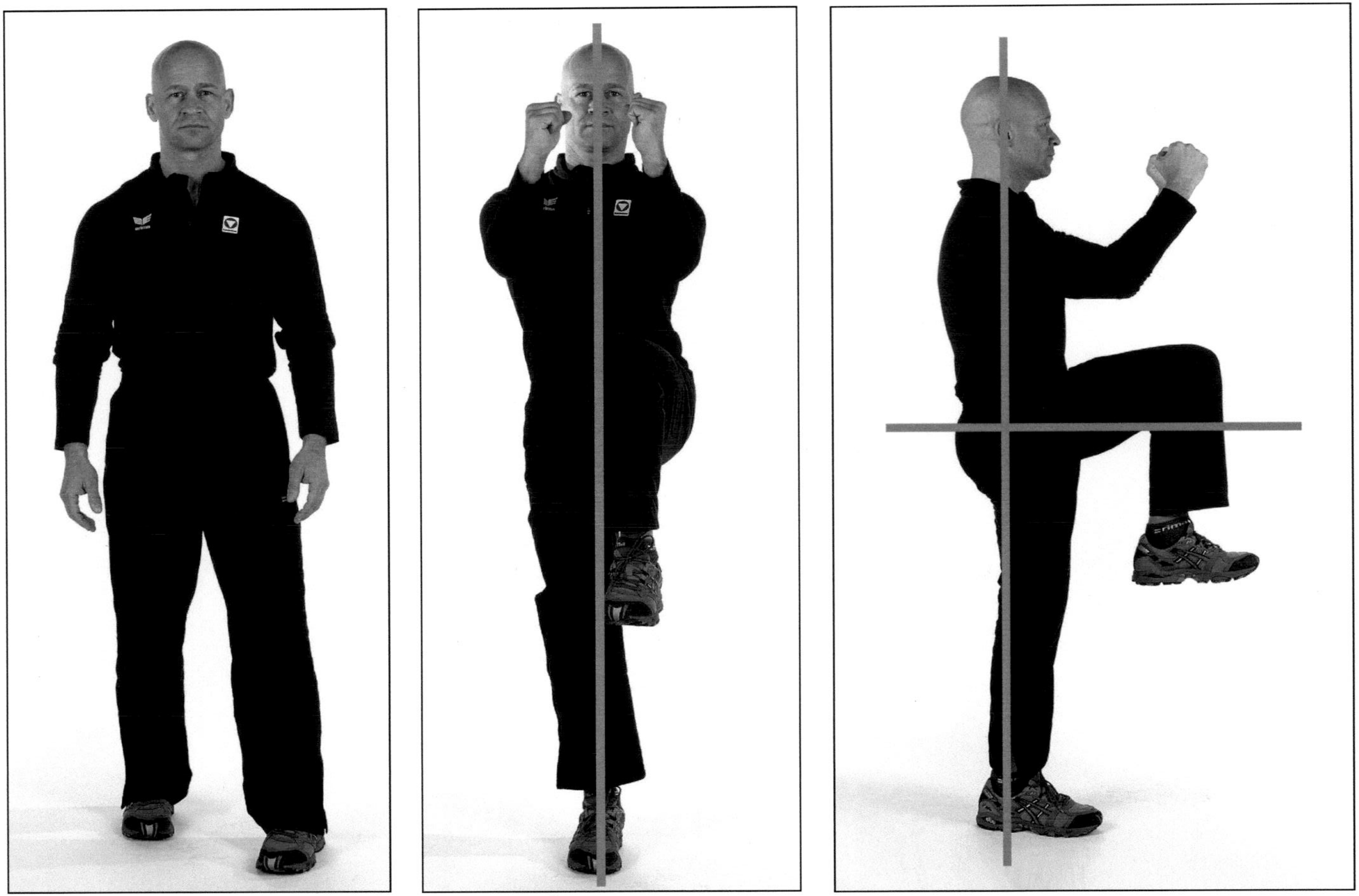

Ü4 – Kniestoß. Foto: HBF.

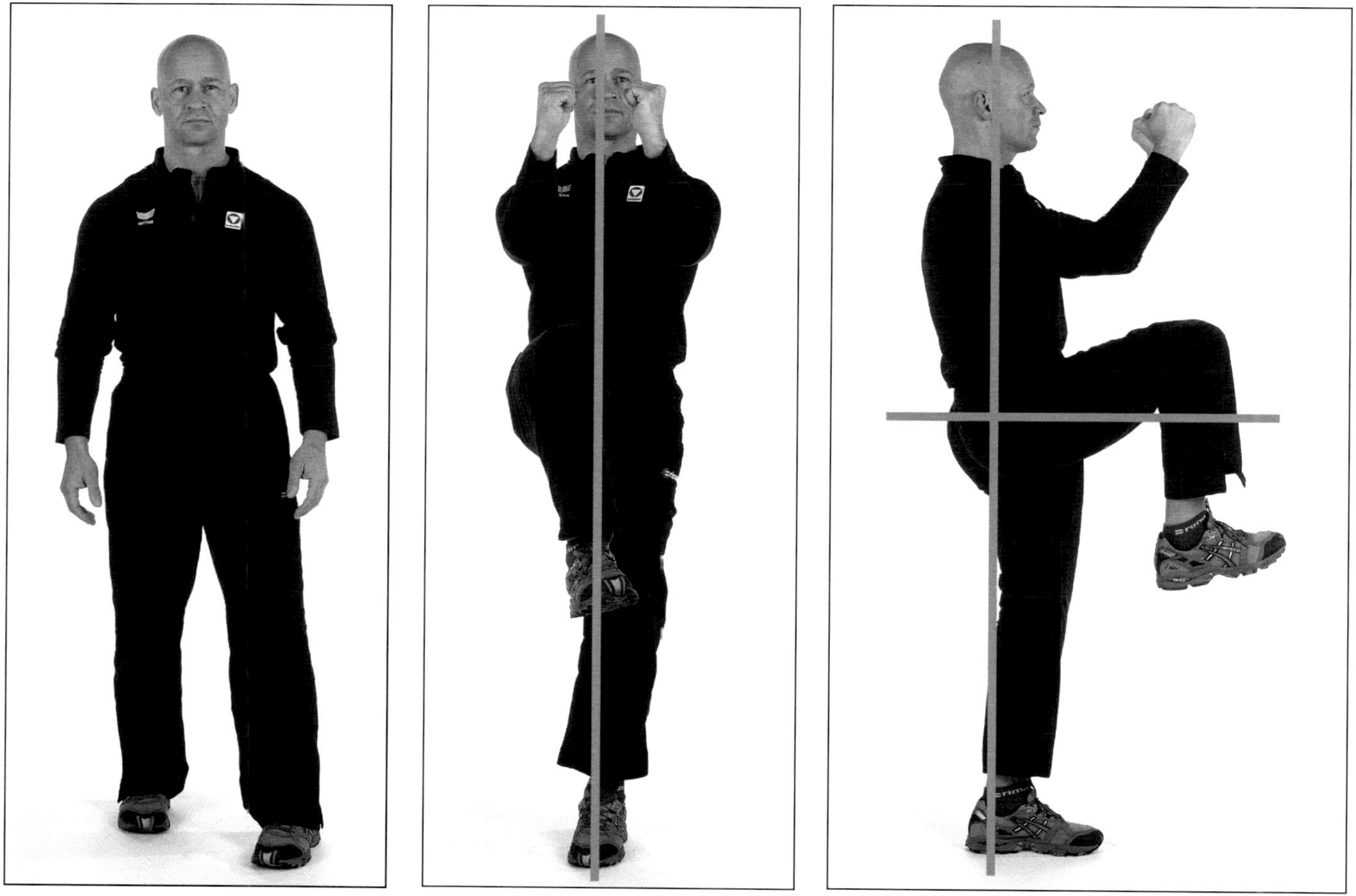

Ü4 – Kniestoß. Foto: HBF.

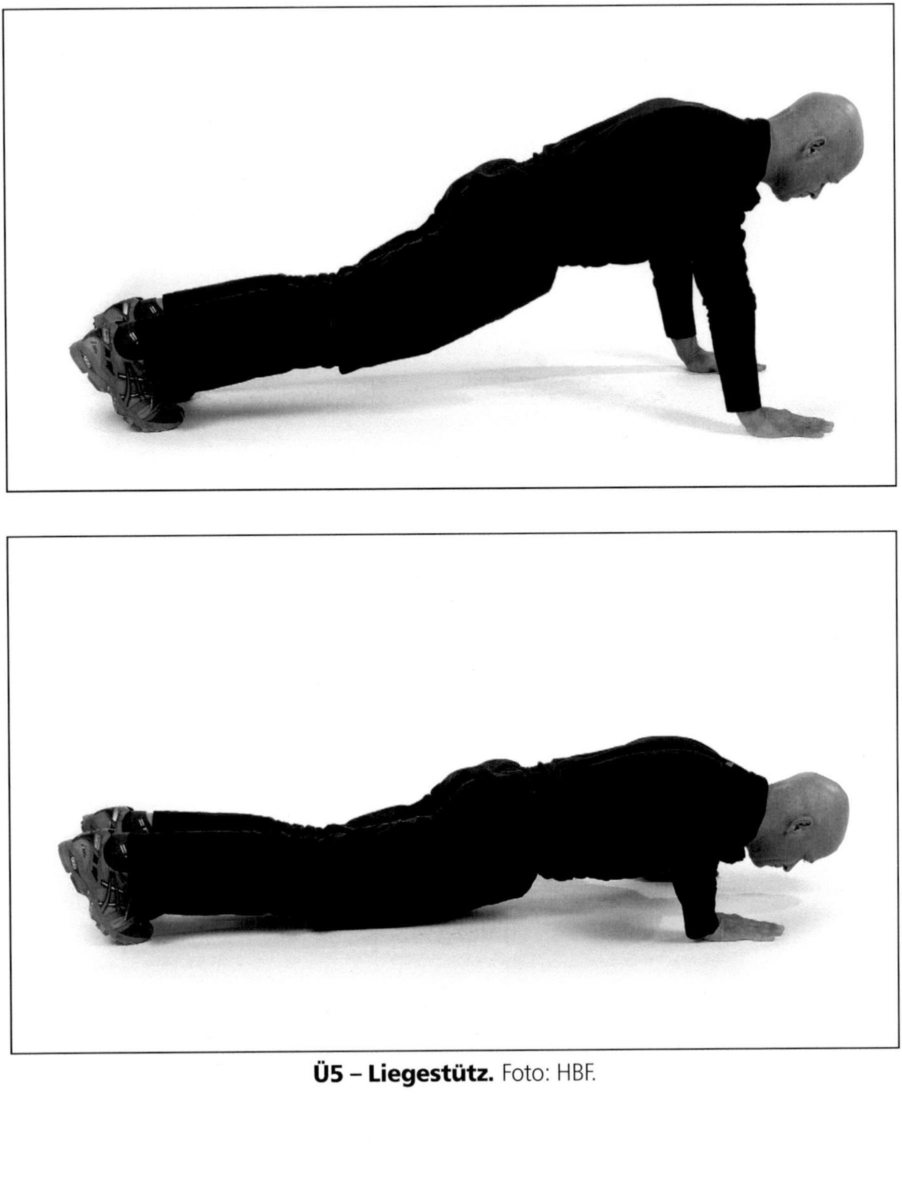

Ü5 – Liegestütz. Foto: HBF.

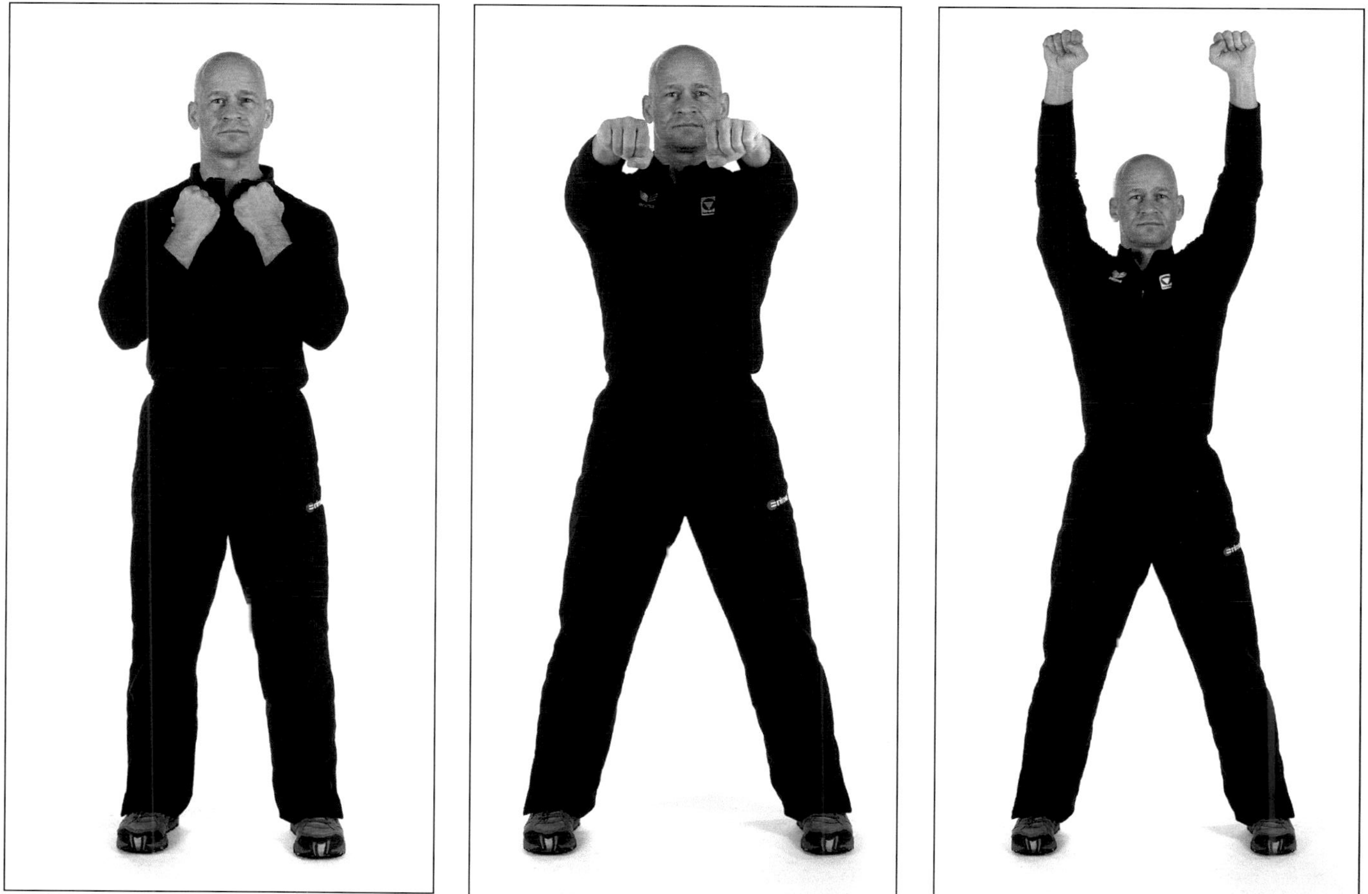

Ü6 – Grätschsprung mit Armstoßen. Foto: HBF.

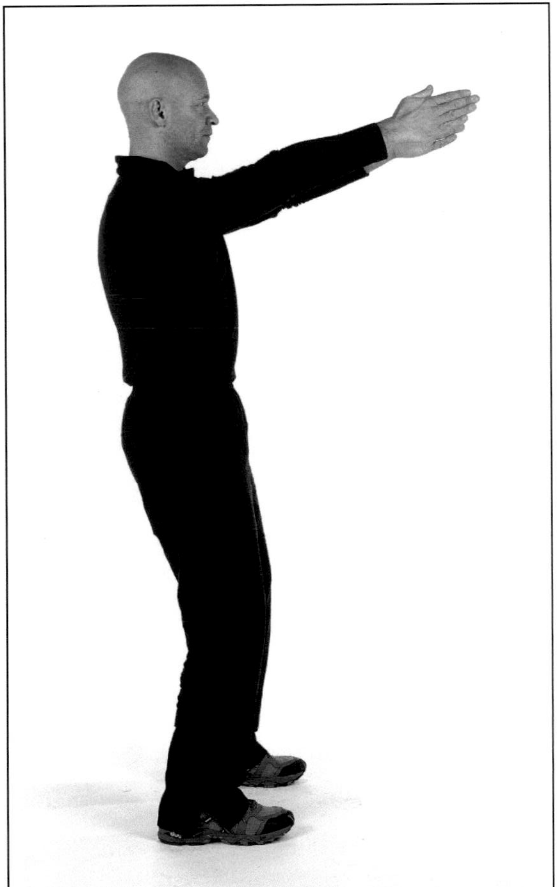

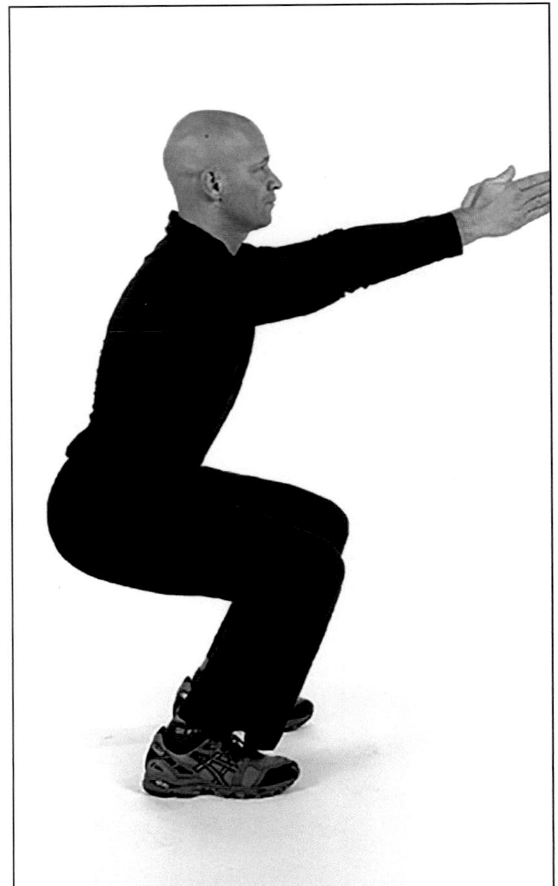

Ü7 – Kniebeuge. Foto: HBF.

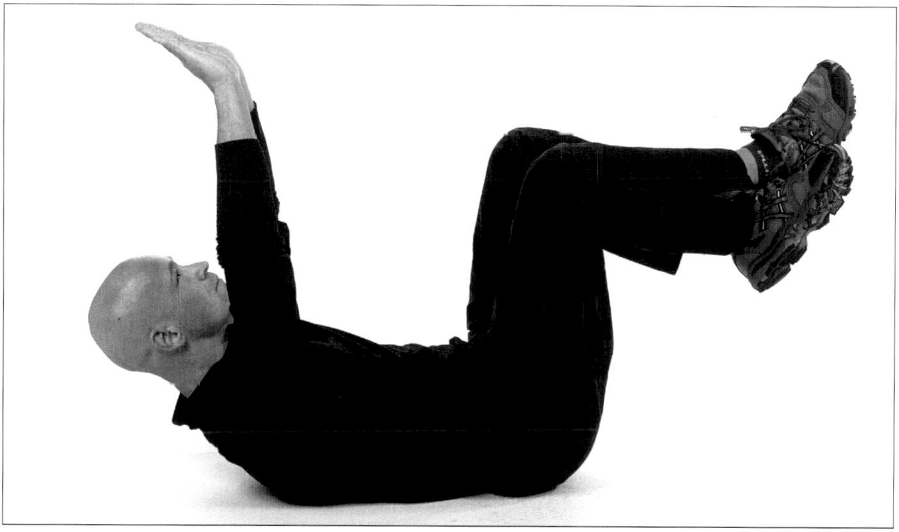

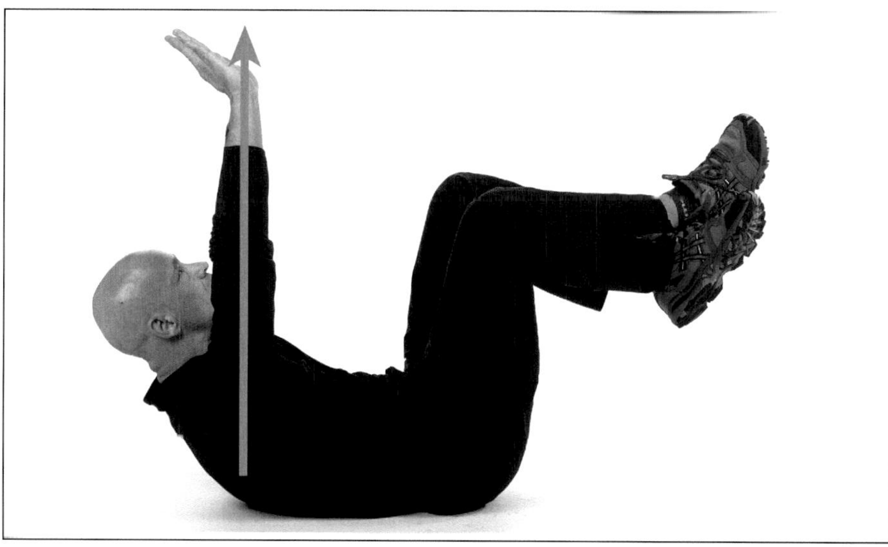

Ü8 – Rumpfspannen. Foto: HBF.

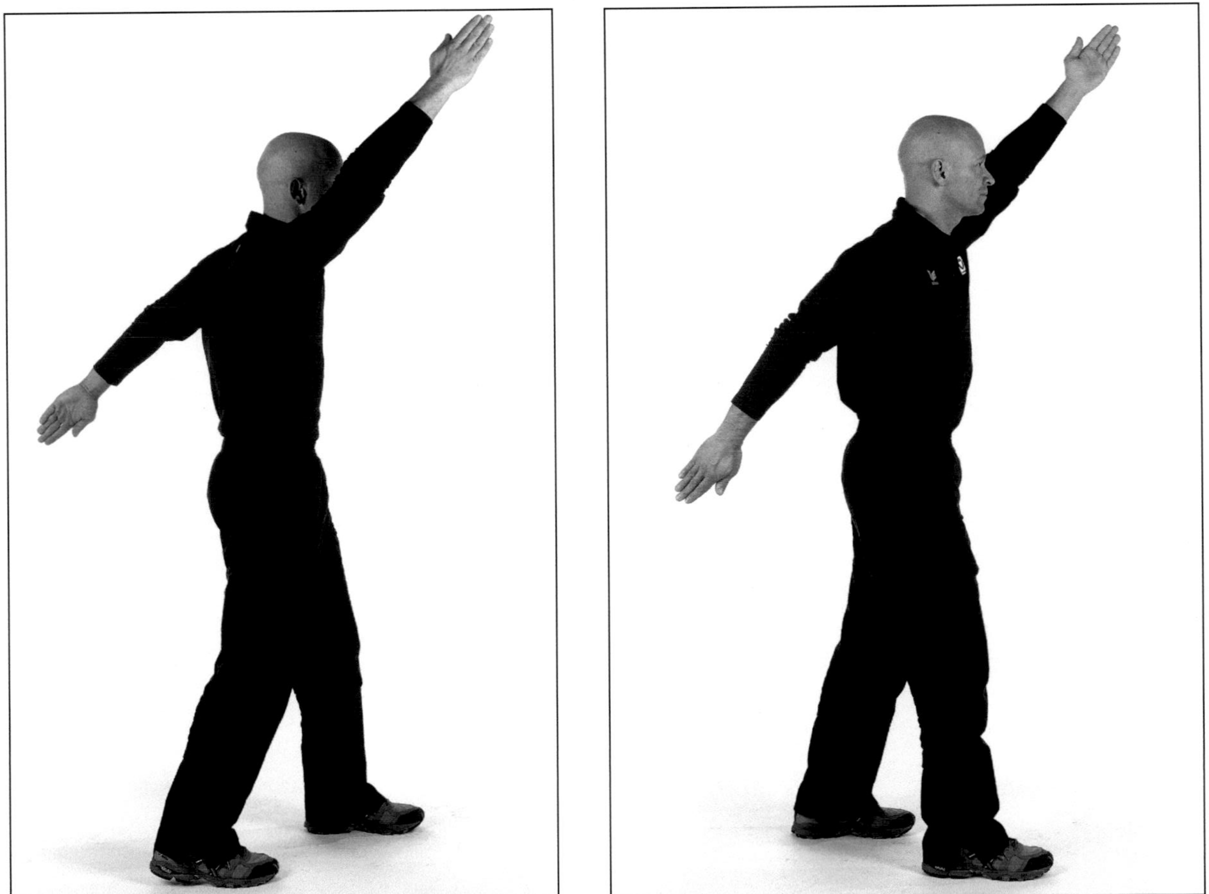

Ü9 – Diagonalsprung. Foto: HBF.

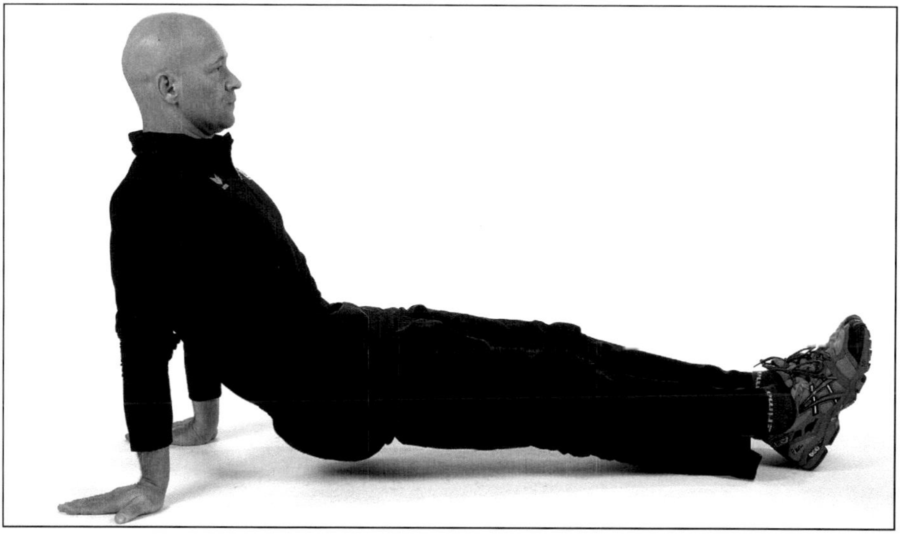

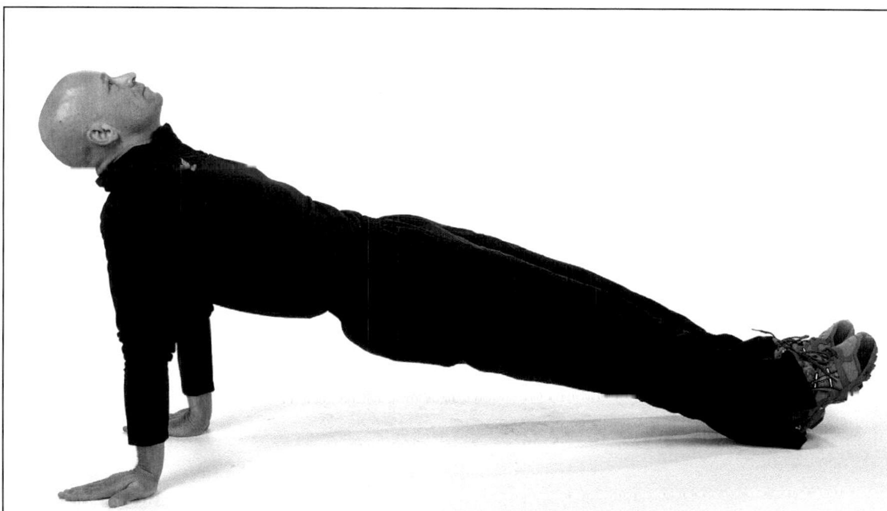

Ü10 – Rumpfheben. Foto: HBF.

Kampfsportspiele

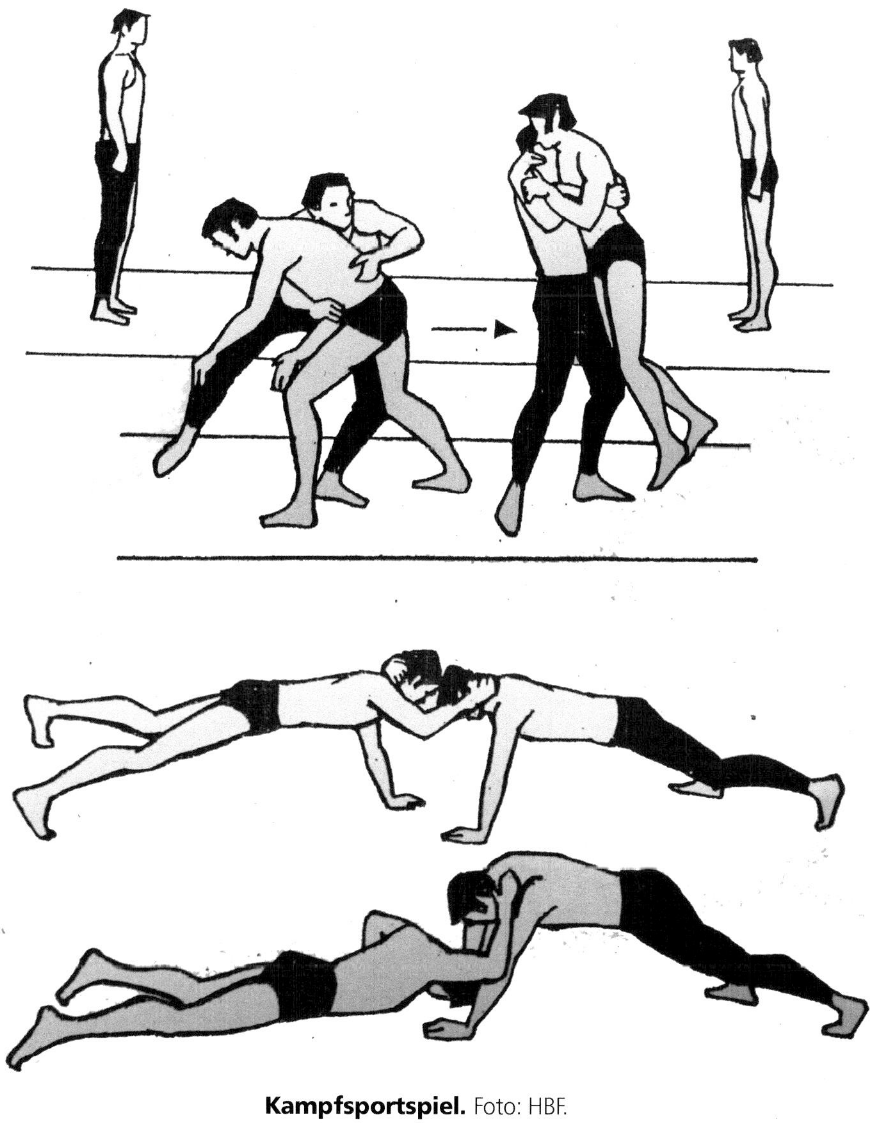

Kampfsportspiel. Foto: HBF.

Kampfsportspiele – Spiele zum Abbau von Berührungsängsten und zur Förderung einer zielgerichteten und instrumentellen Aggressivität bei gleichzeitiger Entwicklung von Impulskontrolle und Verantwortungsbewusstsein.

ALLGEMEINES ZU KAMPFSPORTSPIELEN

Bei den Ausbildungszielen „Selbstverteidigung – Anwendung unmittelbarer Zwangsgewalt – Nahkampf" ist es vor dem Erlernen der technischen Bewegungsabläufe notwendig, **Berührungsängste zu überwinden**, das zur Auftragserfüllung notwendige instrumentelle (d.h. einem legitimen Zweck dienende) **Aggressionspotential** freizusetzen und dabei aber das Verantwortungsgefühl für die Konsequenzen des eigenen Handelns zu fördern und die nötige Impulskontrolle aufrechtzuhalten.
Ziel ist die Schulung von bewusst agierenden Soldaten, die nach den Prinzipien von Verhältnismäßigkeit und Angemessenheit Rechtshandlungen durchsetzen können und **wollen**.
Hier sind qualifizierte Ausbilder mit Erfahrung gefragt.
Es sollten einige Übungen nicht mit erheblichen Gewichts- und Kraftunterschieden durchgeführt werden. Bei anderen Übungen können diese Gewichts- und Kraftunterschiede durch einen besseren Ausprägungsgrad koordinativer Fähigkeiten und durch größere Ausdauer und Schnelligkeit ausgeglichen werden.
Den „Büffel" der Kompanie mit dem Schwächsten als Partner zusammen trainieren zu lassen wäre zu Beginn unklug. Der schwächere Soldat wird in seinem mangelndem Selbstvertrauen bekräftigt und der „Büffel" ist unterfordert.
Mit der „Schwächere" ist nicht der körperlich schwächere Soldat gemeint, sondern der „im Kopf" schwächere.
Der nur körperlich Schwächere kann viel mit Schnelligkeit, Geschicklichkeit und „HERZ" kompensieren!
Ein wichtiger Faktor, der hier bei jedem Einzelnen gesehen wird, ist dabei nicht nur die körperliche Leistungsfähigkeit.

= KANN ER ?

Ebenso wichtig ist die Leistungsbereitschaft!

= WILL ER ?

Bricht er beim Kampfsportspiel ab, wenn er erschöpft ist oder kämpft er auch dann entschlossen weiter.

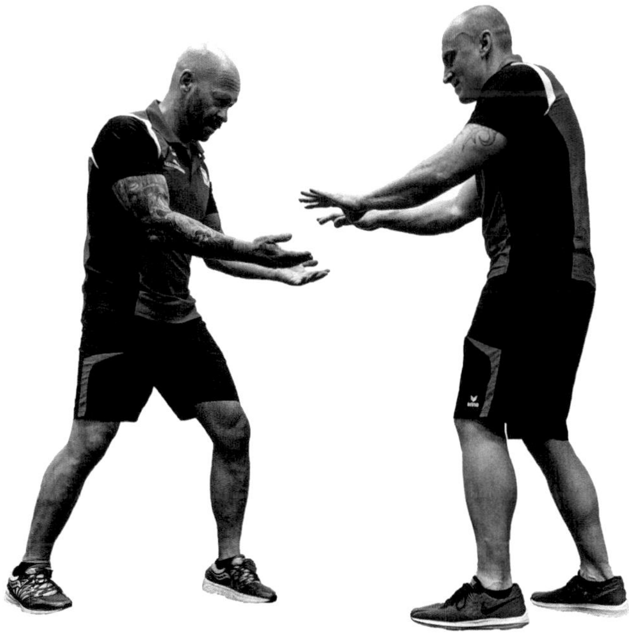

Handschlagen.
Foto: HBF.

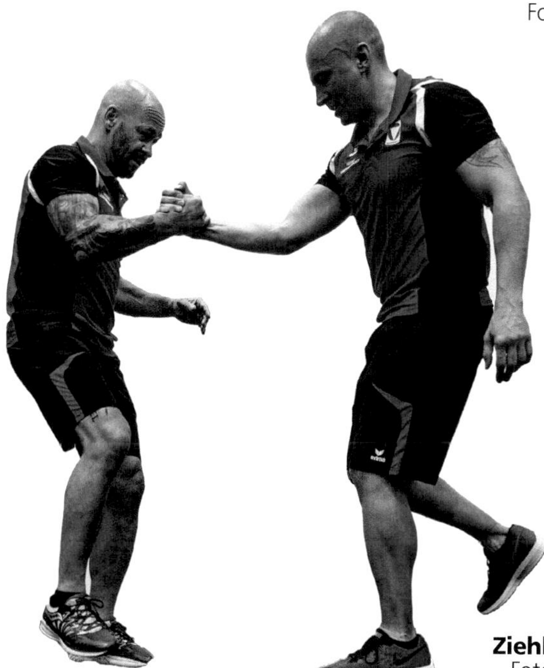

Ziehkampf.
Foto: HBF.

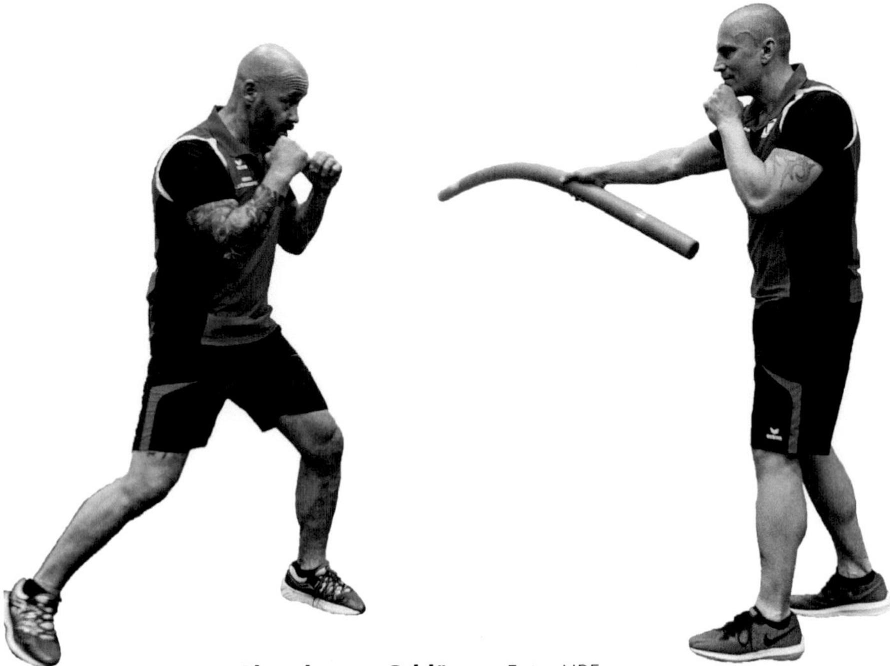

Abwehr von Schlägen. Foto: HBF.

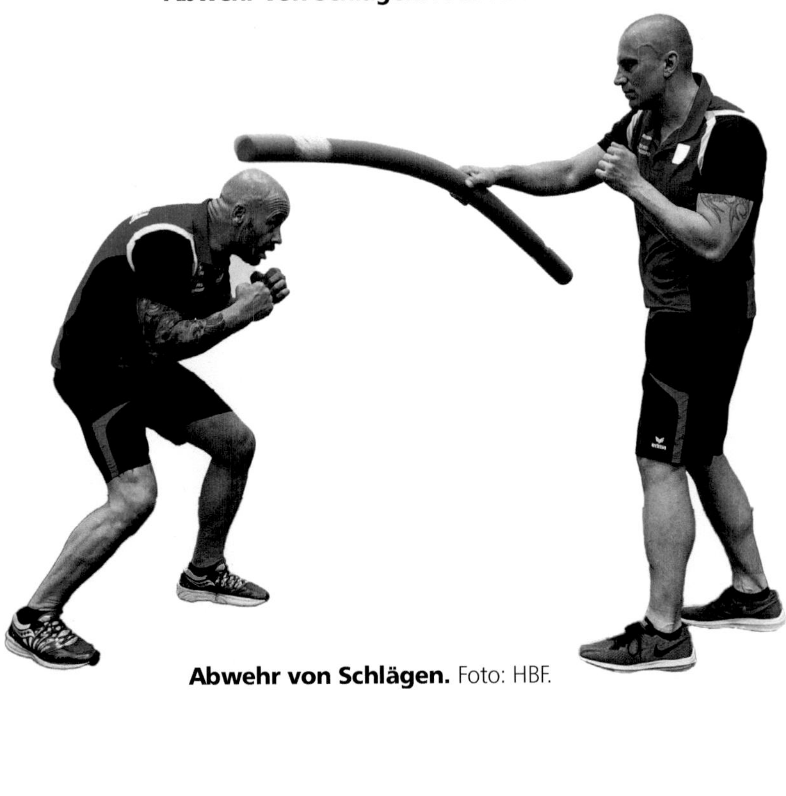

Abwehr von Schlägen. Foto: HBF.

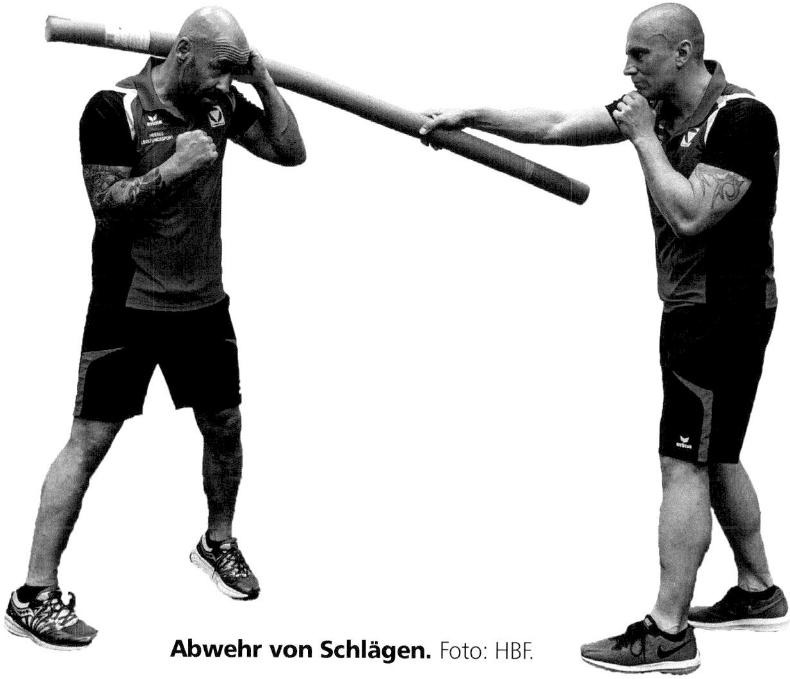

Abwehr von Schlägen. Foto: HBF.

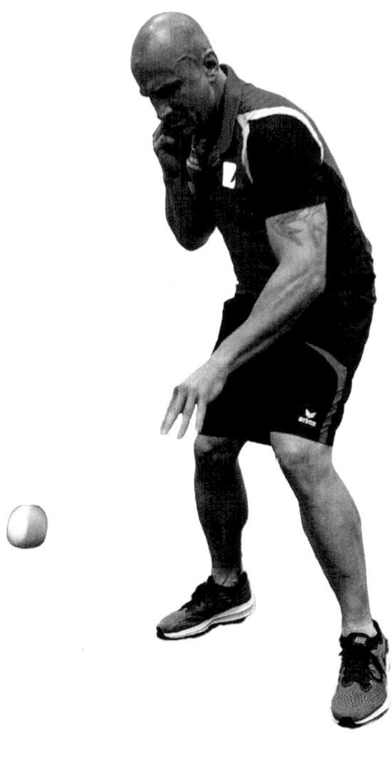

Tennisballprellen. Foto: HBF.

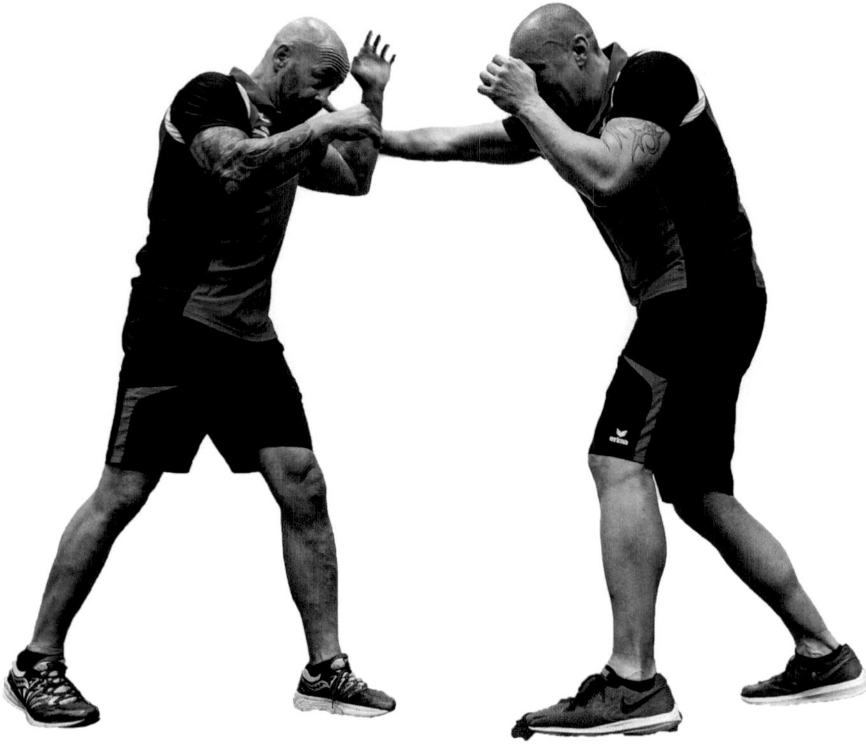

Kampf um das Berühren. Foto: HBF.

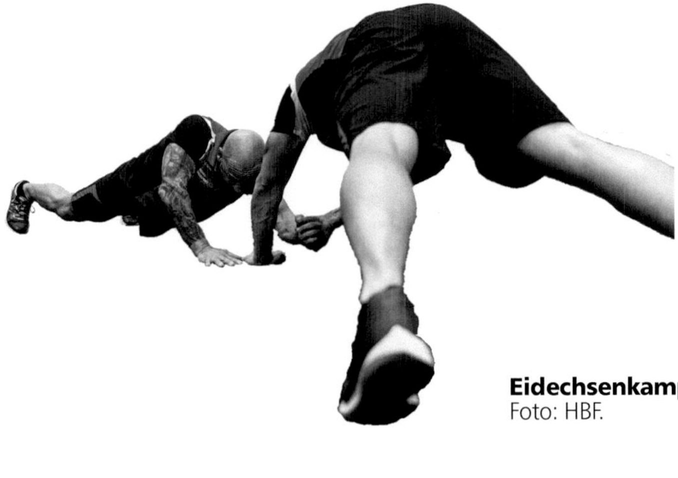

Eidechsenkampf. Foto: HBF.

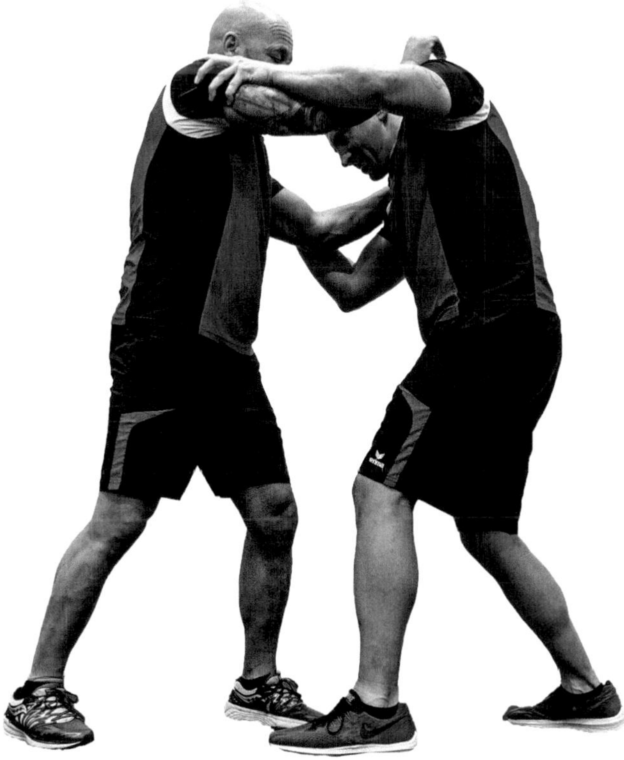

Ringen-Schieben-Ziehen. Foto: HBF.

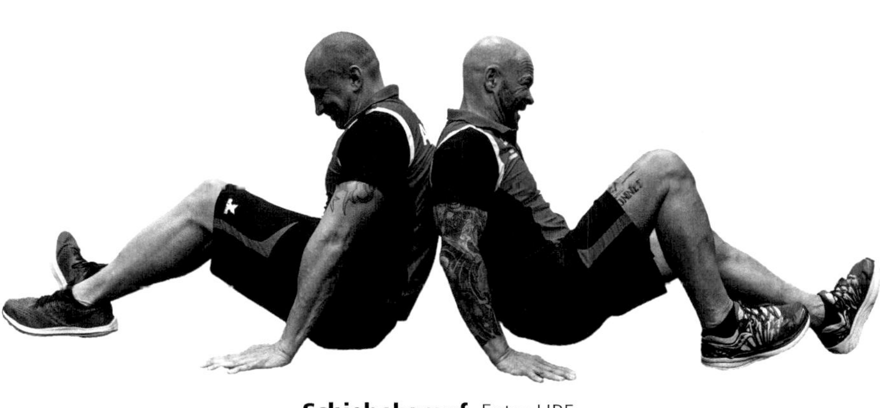

Schiebekampf. Foto: HBF.

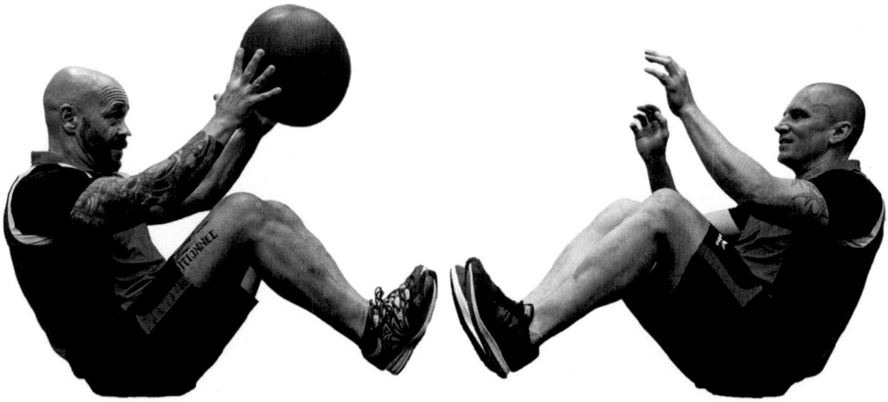

Medizinball-Stabilität. Foto: HBF.

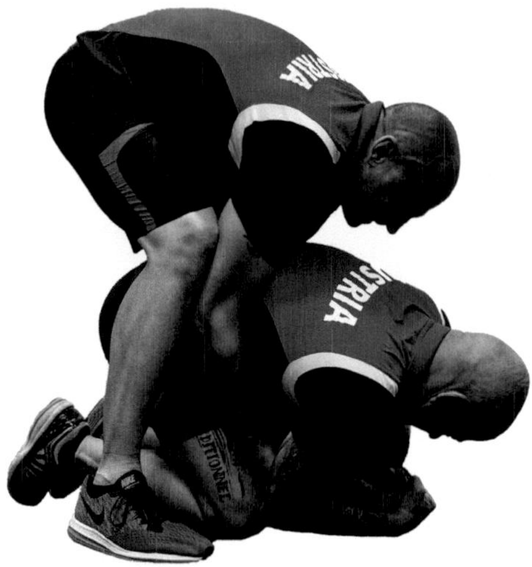

Medizinballkampf. Foto: HBF.

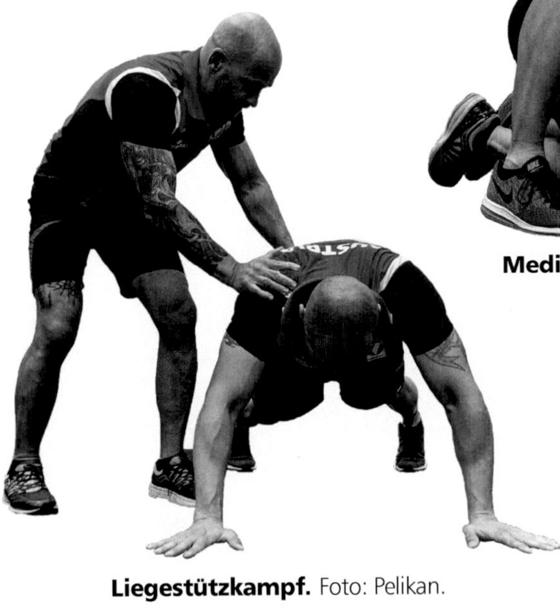

Liegestützkampf. Foto: Pelikan.

Techniktraining

> **„Erfolg im Kampf hat nur das Einfache"**
>
> Col. APPLEGATE

Traditionell vs. Differenziell

Traditionelles Techniktraining im Olympischen Boxen:

Informationsverarbeitungsansatz durch Motorische Programme:

- Einschleifen von „korrekten Bewegungsprogrammen"
- Zieltechnik als Vorgabe
- Oftmaliges Wiederholen
- Fehler vermeiden oder wenigstens minimieren
- Permanente Bewegungskorrektur
- Stufenartiger Lernprozess

Beim klassischen Olympischen Boxen wird gemäß Technikleitbild, eine Technik vorgezeigt, erklärt und dann in Phasen abgearbeitet und ständig korrigiert, damit eine „Idealbewegung" eines Bewegungsablaufes entsteht.

Differenzielles Techniktraining

Im Gegensatz zu dem Traditionellen Techniktraining im Olympischen Boxen gibt es beim **Militärischen Boxen das spielerische, selbstorganisierte (differenzielle) Lernen.**

Systemdynamischer Ansatz (Fähigkeit zur Selbstorganisation).

- Lehnt die Existenz motorischer Programme zur Bewegungsausführung ab!
- Bewegungslernen ist ein sich selbstorganisierendes System
- Bewegungs-/Technikleitbild ist nur eine Lösungsmöglichkeit
- Ermöglicht individuelle und neue Lösungen
- Stabilität durch Variabilität
- Unterschiedliche Übungsanordnung von Ausführung zu Ausführung
- „Fehler" als Voraussetzung des Lerneffekts
- Bewegungslernen als selbstorganisierender, nichtlinearer Vorgang

Eine Technik wird vorgezeigt und dann selbstständig, ohne Korrektur geübt. Auf dieser Bewegungserfahrung aufgebaut gibt der Ausbilder weitere Informationen. Man lässt dem Auszubildenden seine persönliche Technik, angepasst auf individuellen Fähigkeiten und Gegebenheiten (z.B.: Körpergröße, Konstitution, motorische Begabung u.a.)

Zusammenfassung:

- Kein Idealbild mehr als „Muss"
- Bessere Förderung der Individualität und Kreativität
- Abwechslungsreiche Ausbildungsgestaltung
- Kleinere „Vergessensrate" als nach klassisch-methodischen Übungsreihen
- Konstantere Leistungen

Das Ziel muss es sein, unter Stress einen Bewegungsablauf zu automatisieren, damit dieser gleichsam „von selbst" abläuft, sodass man seine Aufmerksamkeit auf andere Dinge richten kann.
Verlangt die Durchführung der Technik selbst eine starke Aufmerksamkeitszuwendung, steht dem Kämpfer zu wenig Kapazität zur Verarbeitung von Informationen über den Gegner zur Verfügung.

Automatisierung entweder durch Drill oder durch spielerische Auseinandersetzung. In Zeiten einer Reizüberflutung durch Spielkonsolen, Handys ... etc. muss „etwas Spaß machen", um es dadurch **aus eigener Motivation** tausendfach zu üben und damit zu Automatisieren.

Dieses Messen bei Kampfsportspielen und im Leichtkontaktboxen macht Spaß und ist relativ verletzungsfrei.

Zu „verletzungsfrei" eine Anekdote:

Bei den ersten Meisterschaften 2013 in STRAß beim JgB17 beobachteten wir einen der Kämpfe und während dessen wurde ich für die Medien interviewt . Auf meine stolze Aussage ..." und ist völlig verletzungsfrei" bekam einer der Boxer einen verbotenen Schlag zum Kinn und ging zu Boden. Der Interviewer meint lapidar:" das „völlig" streichen wir...

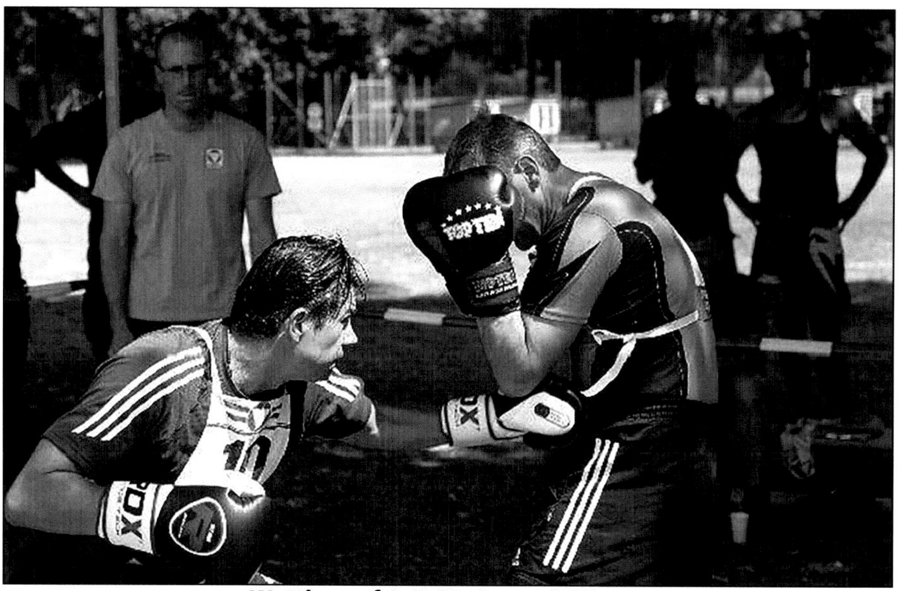

Wettkampf JgB 17. Foto: JgB 17.

Militärisches Boxen

Militärisches Boxen ist eine attraktive Variante der Körperausbildung. Durch die Eigenart dieser Sportdisziplin lassen sich einerseits die konditionelle und koordinative Belastbarkeit erhöhen und andererseits die psychischen, sozialen und charakterlichen Eigenschaften entwickeln.
Das Ausbildungsziel ist das emotional stabile, kontrollierte Kämpfcn im Leichtkontakt mit Übersicht.
Durch das strikte Wettkampfreglement, dessen formale Regeln auch als Basis für das Verhalten der Sportler in der Ausbildung dienen, ergibt sich auch eine wertvolle pädagogische Wirkung für die Soldaten.

Boxstellung

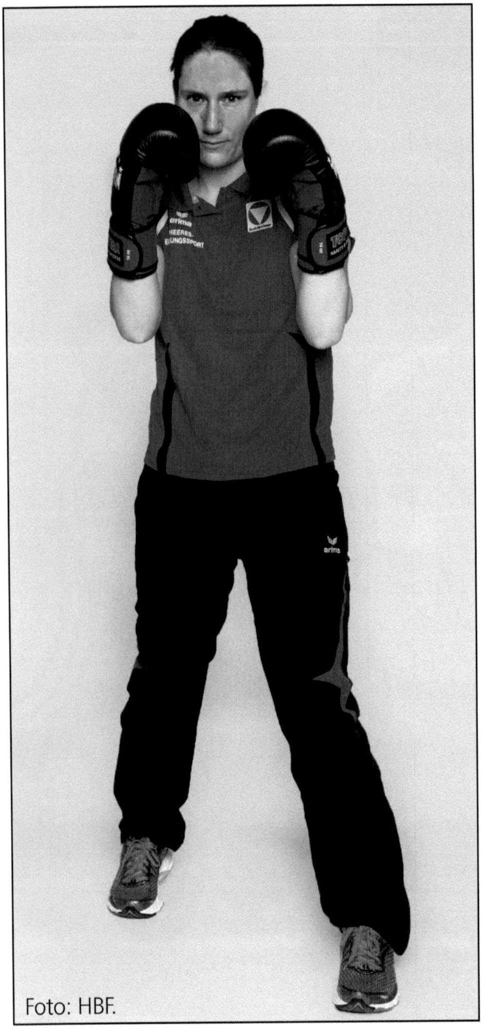

Foto: HBF.

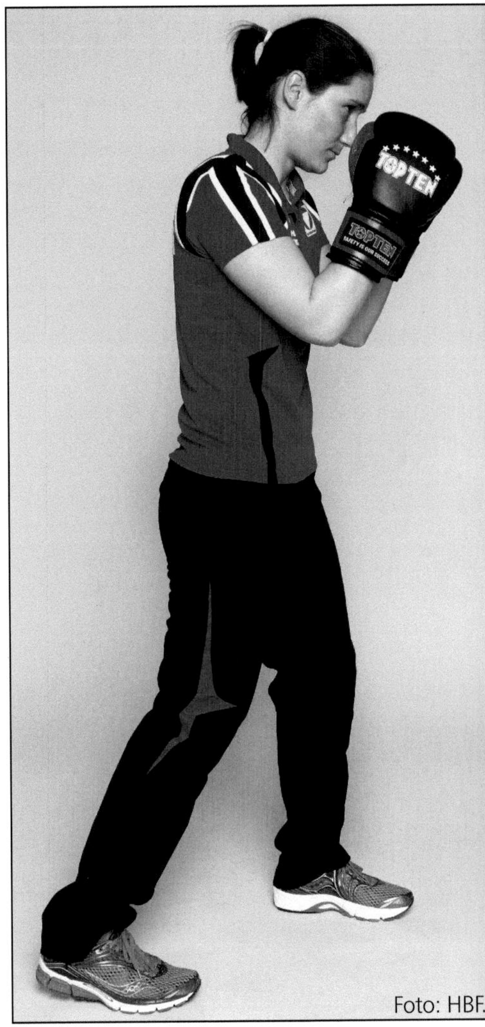

Foto: HBF.

Boxstellung. .

Es gibt im Militärischen Boxen die Links- und die Rechtsauslage.

Trainingeinheit

Boxstellung Fortbewegung Führungshand/Schlaghand gerade zum Kopf/Körper

Zeit	Thema	Anmerkungen
5′	Einweisung in den Trainingsablauf und das Thema	
10′	Mobilisieren und Allgemeines Aufwärmen	Rundenlauf mit verschiedenen Übungen (Strecksprung, Liegestütze, etc.)
10′	K3 (1 bis 4 Übung)	
10′	Kampfsportspiele	Berühren der Schulter/Oberschenkel Tennisball prellen
30′	Grundlagen Training: 1 Übung: Boxstellung + Fortbewegung 2 Übung: Führungshand gerade zum Kopf/Körper Schlaghand gerade zum Kopf/Körper 3 Übung: (Differenzierungsübung Distanzgefühl für FH und SH	 Blockaufstellung: Bewegen auf Kommando Imitieren des Trainers Gassenaufstellung Imitieren des Partners (Wechsel zwischen schreitend Gleitend und federnd Gleitend) Aufstellung Linie zu 1 Glied: Beginnend im Stehen weiterführend im Schreiten (Wechsel zwischen Pass/Diagonal-Gang) Schlagverbindung Gassenaufstellung (3 Stufen möglich) 1.) Leichte Schläge zu Kopf und Körper (nur Gerade Schläge im Stand) 2.) Schläge im Distanzwechsel 3.) Schläge im Gegenangriff
5′	Trinkpause	
15′	Bedingtes Sparring: 3x3x1 1 Runde: Nur FHG zu Kopf/Körper 2 Runde: Nur SHG zu Kopf/Körper 3 Runde: FHG und SHG	
5′	Auslaufen/Abwärmen	

Fortbewegung des Boxers

Prinzipiell unterscheiden wir zwischen schreitend-gleitender und federnd-gleitender Fortbewegung des Boxers sowie in Verbindung mit den Boxschlägen zwischen Diagonal- und Passgang.

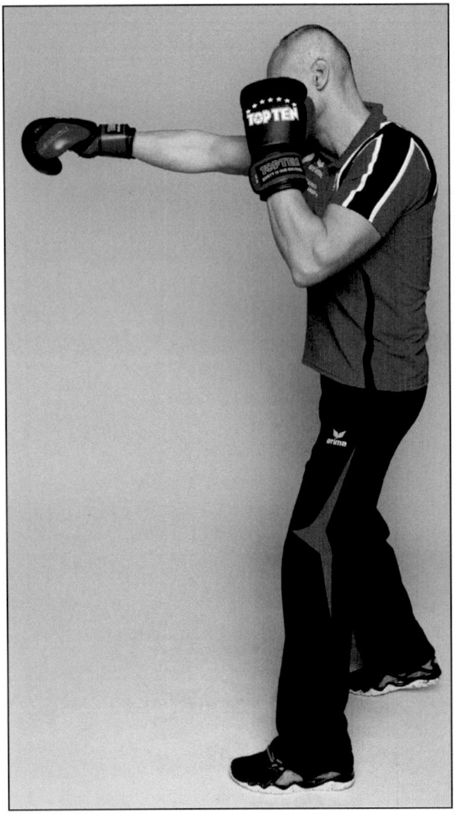

Diagonalgang. Foto: HBF.

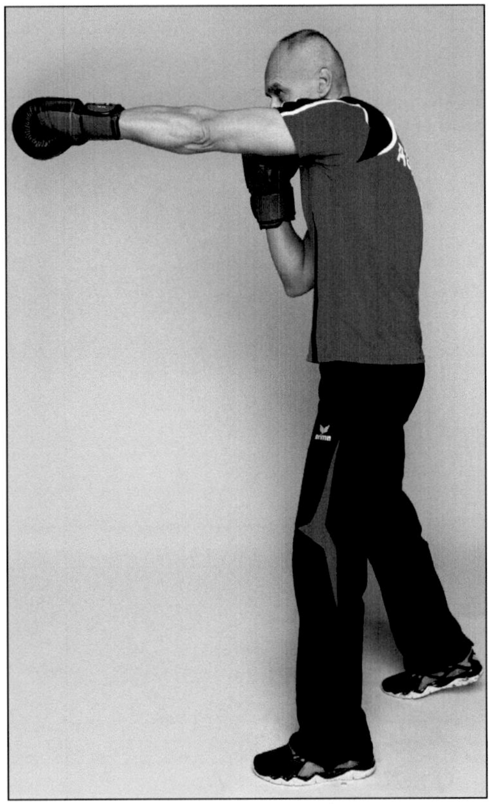

Passgang. Foto: HBF.

Grundschläge

Grundschläge des Militärischen Boxens

Wir unterscheiden:

- gerade Stöße mit der Führungshand (FH)
- gerade Stöße mit der Schlaghand (SH)
- Aufwärtshaken mit der Führungshand
- Aufwärtshaken mit der Schlaghand
- Seitwärtshaken mit der Führungshand
- Seitwärtshaken mit der Schlaghand
- Vorwärtsfußstoß
- Kniestoß

Alle Grundschläge dürfen nur zur Stirn oder zum Körper des Gegners geführt werden .
Der Aufwärtshaken, der Vorwärtsfußstoß und der Kniestoß dürfen nur ZUM KÖRPER geführt werden.
Auf den folgenden Seiten findet man Beispielbilder zu den einzelnen Grundschlägen.

Distanzen beim Militärischen Boxen

Lange Distanz (LD):
Die Boxer können sich mit dem Vorwärtsfußstoß erreichen und nur dann mit einem geraden Fauststoß, wenn gleichzeitig mindestens ein Schritt vorwärts ausgeführt wird .

Halbdistanz (HD):
Die Boxer können sich mit geraden, kurzen Fauststößen und allen Haken ohne Schritt nach vorne erreichen.

Nahdistanz (ND):
Die Boxer können sich mit allen Grundschlägen, auch dem Kniestoß ohne Schritt nach vorne erreichen. Nicht möglich ist der Vorwärtsfußstoß in dieser Distanz.

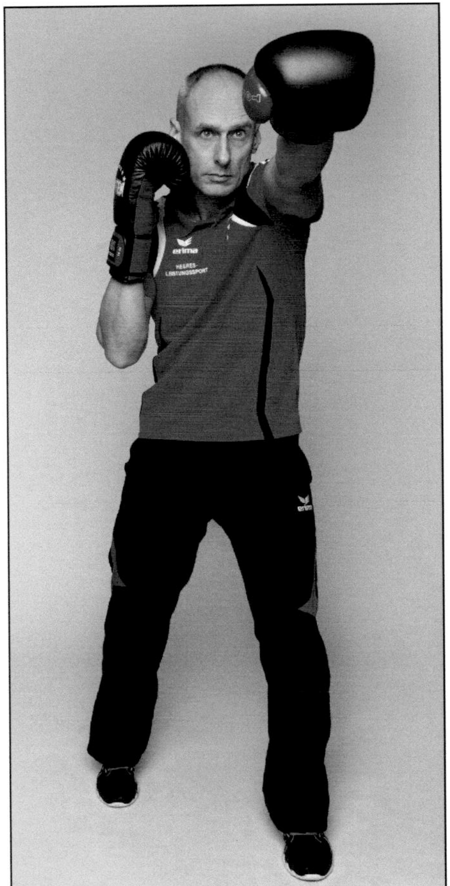

Gerade (zum Kopf). Foto: HBF.

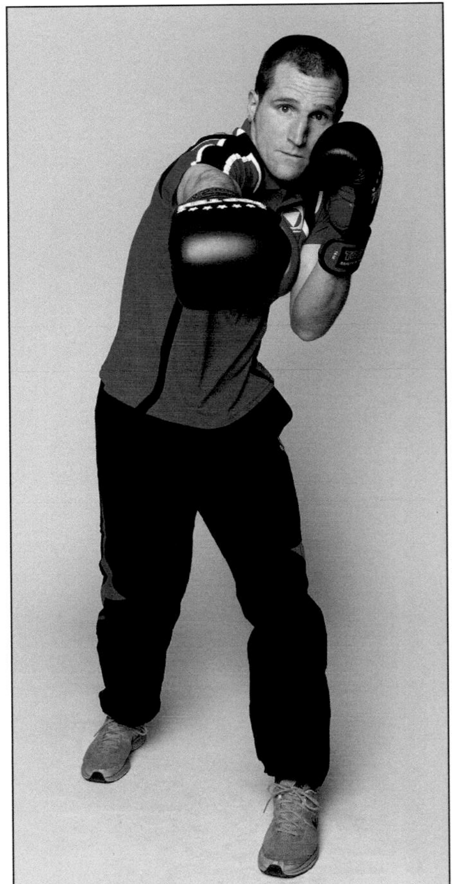

Gerade (zum Körper). Foto: HBF.

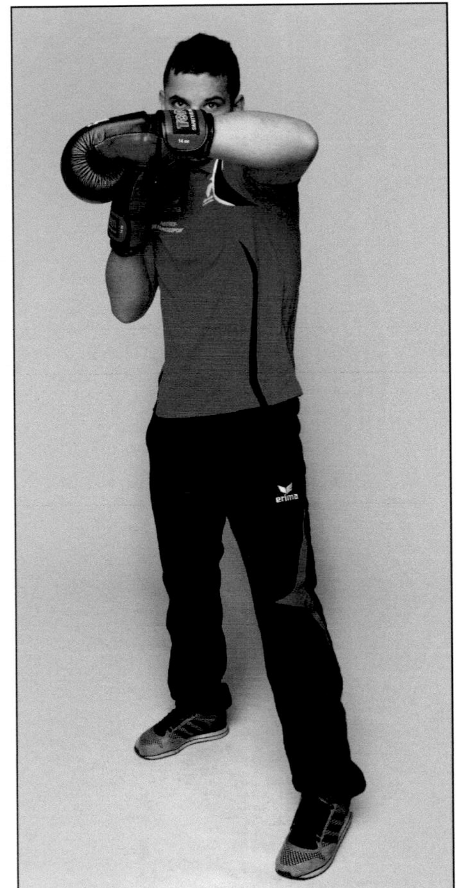

Seitwärtshaken (zum Kopf). Foto: HBF

Seitwärtshaken

10' Erwärmung

Blockaufstellung

10' FHSH im Stand (Demonstration. Erläuterung, Deckung)
FHSH _ SHG im Stand
SHG _ FHSH im Stand

FHSH z. Kö. im Stand
FHSH z. KÖ – SHG im Stand
SHG _ FHSH z. KÖ. im Stand

10' gleicher Ablauf in der Bewegung vorwärts und rückwärts

10' SHSH im Stand (Demonstration, Erläuterung, Deckung)
FHG _ SHSH im Stand
SHSH _ FHG im Stand

SHSH z. Kö. im Stand
FHG _ SHSH z. Kö. im Stand

10' gleicher Ablauf in der Bewegung vorwärts und rückwärts

10' Pause

Festigung der Schlagtechnik am Gerät

Bandagen wickeln, kurze Lockerung

10' selbständiges Üben der Seithaken zum Kopf oder Körper als Einzelschläge

10' selbständiges Üben der Seithaken in Verbindung mit Geraden

10' selbständiges Üben in Kombination aller Grundschläge

10' Pause

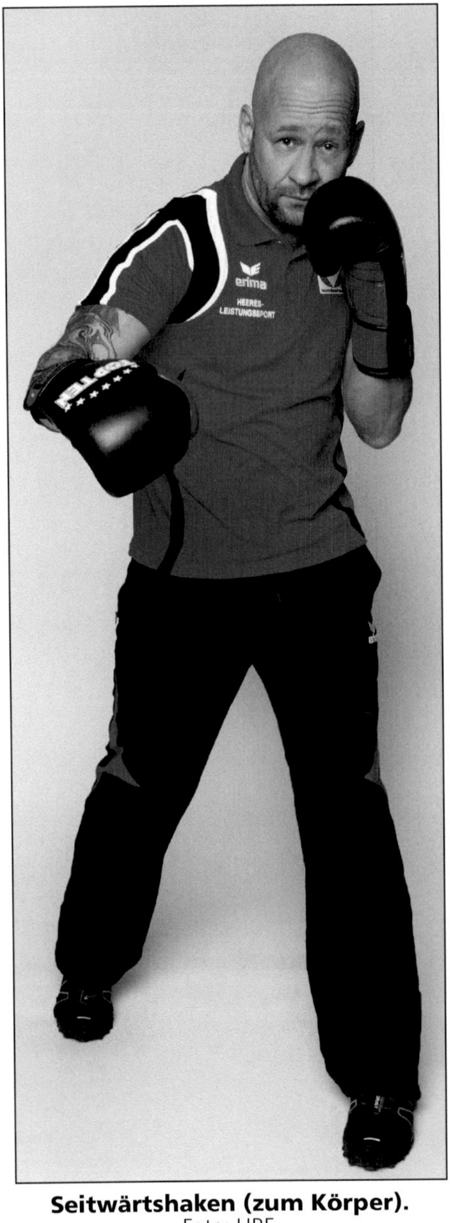

Seitwärtshaken (zum Körper).
Foto: HBF.

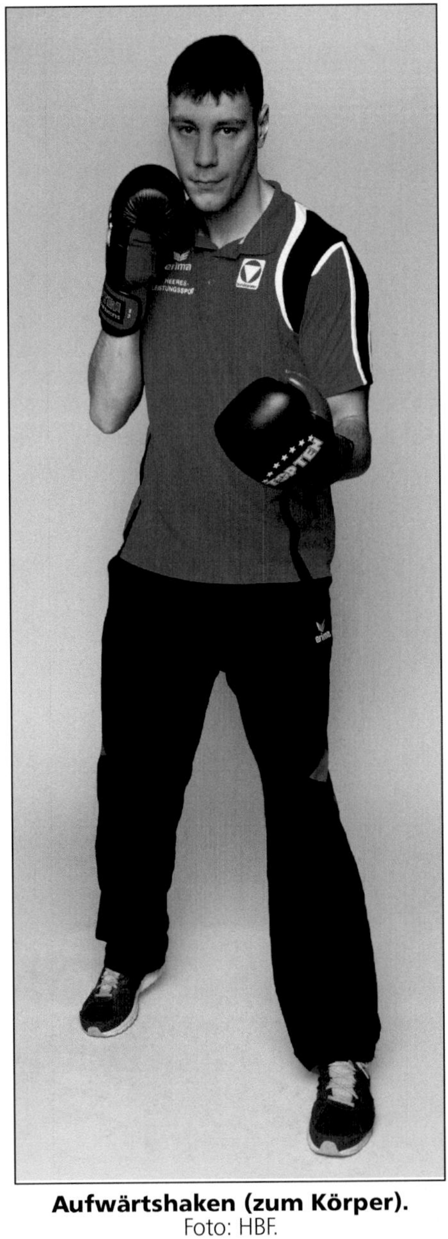

Aufwärtshaken (zum Körper).
Foto: HBF.

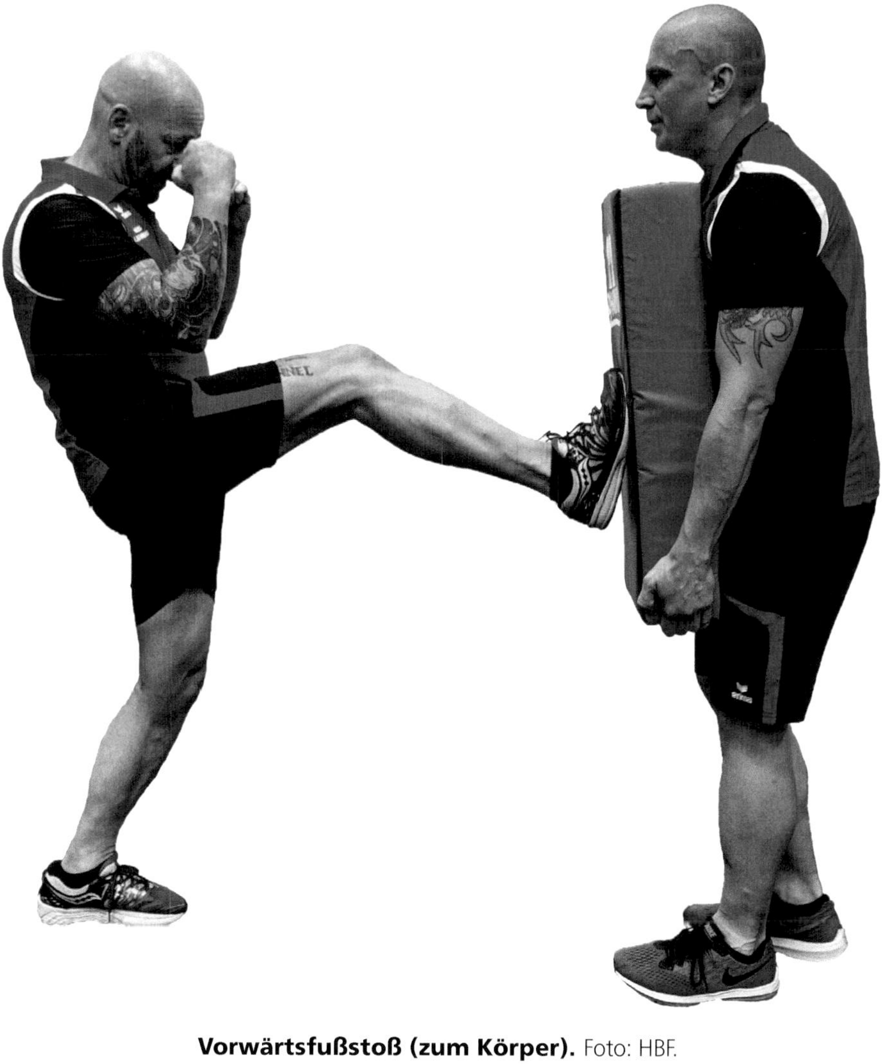

Vorwärtsfußstoß (zum Körper). Foto: HBF.

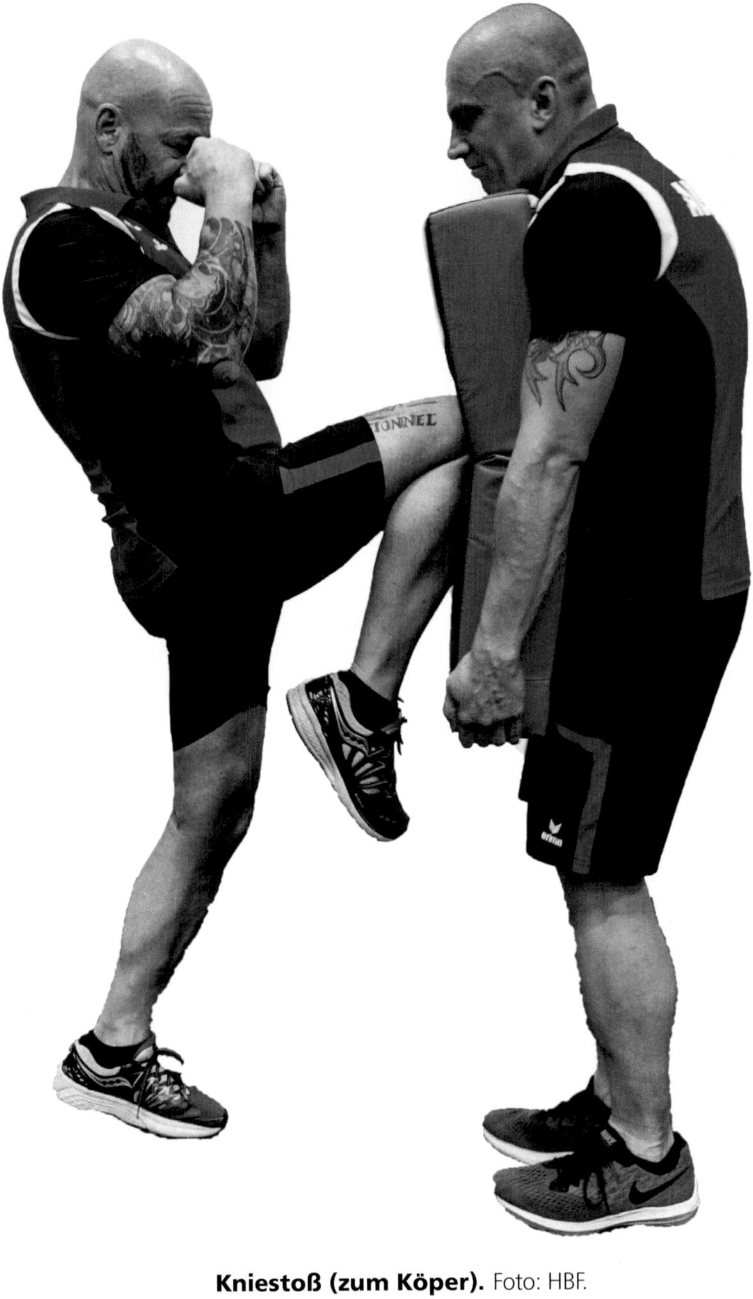

Kniestoß (zum Köper). Foto: HBF.

Verteidigung

Bei der Verteidigung wird zwischen passiver und aktiver Verteidigung unterschieden.

Passive Verteidigung.

Unter passiver Verteidigung versteht man alle Verteidigungshandlungen, um Treffer des Gegners zu verhindern. (Deckung, Meiden, Rückschritt,...).

FIEDLER, Boxsport

Die ersten passiven Verteidigungen sind der Einhandblock und der Rückschritt, um die Kontrolle und Übersicht zu schulen.

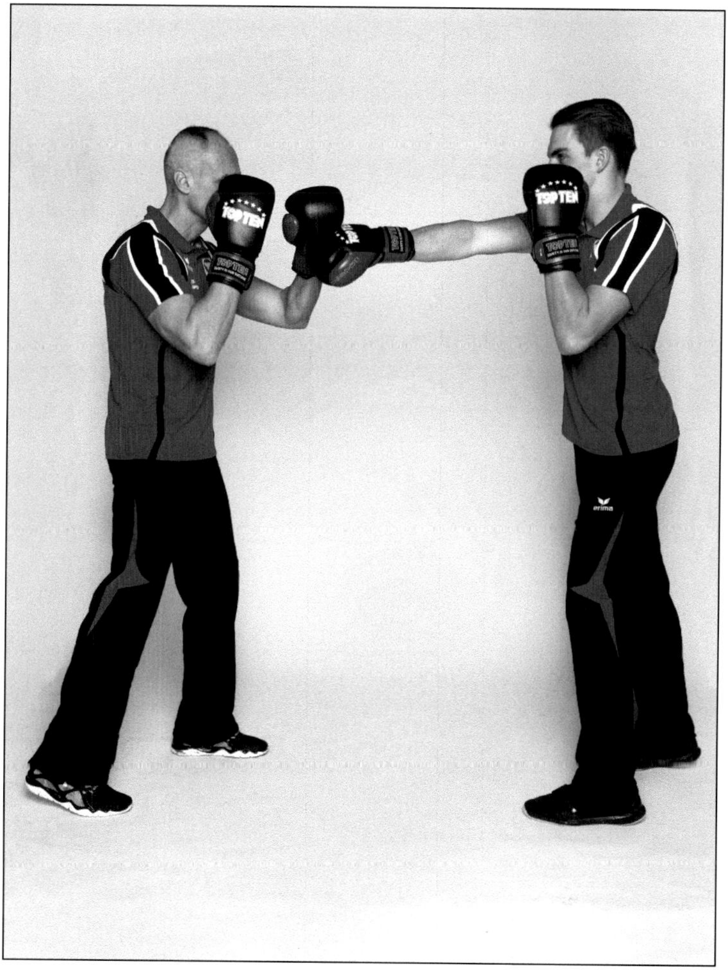

Einhandblock. Foto: HBF.

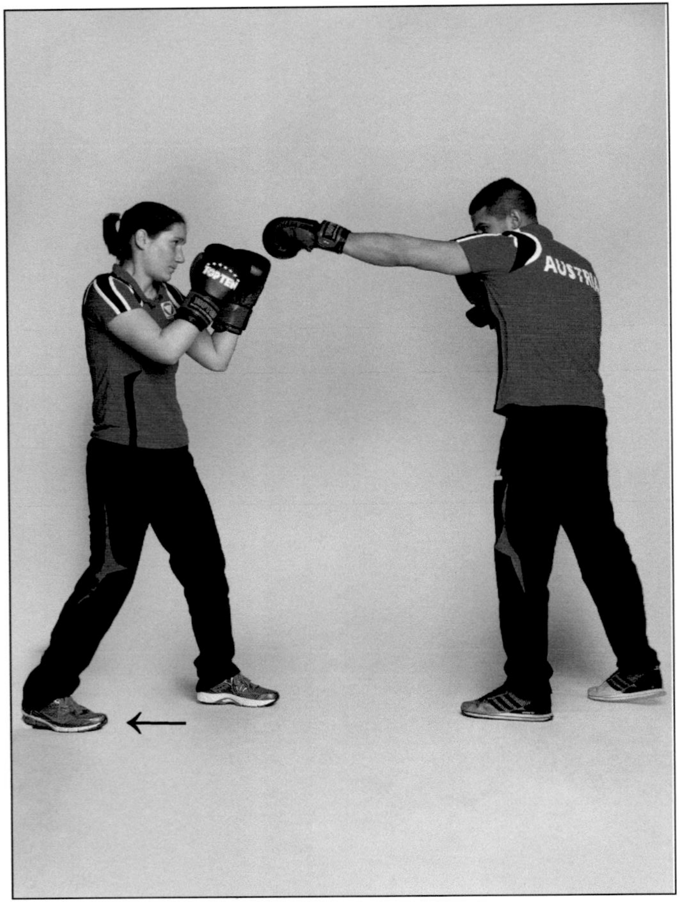

Rückschritt. Foto: HBF.

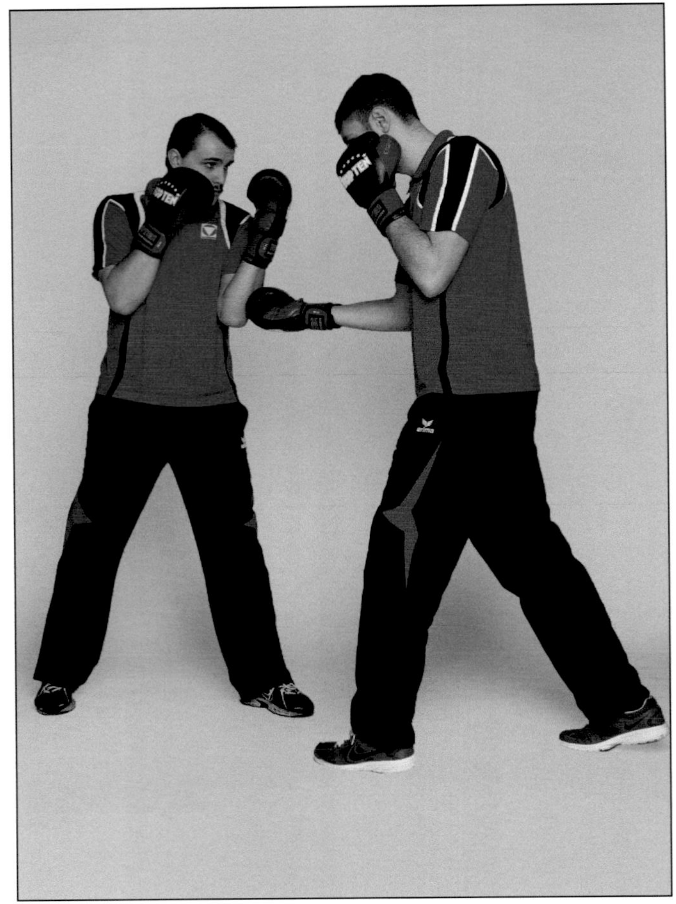

Ellbogenblock. Foto: HBF.

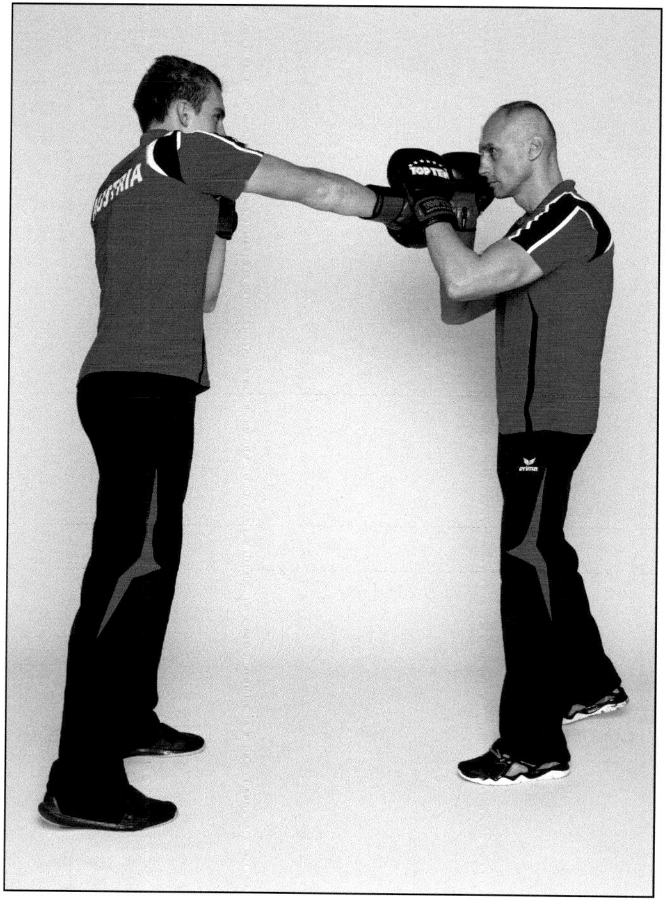

Parade. Foto: HBF.

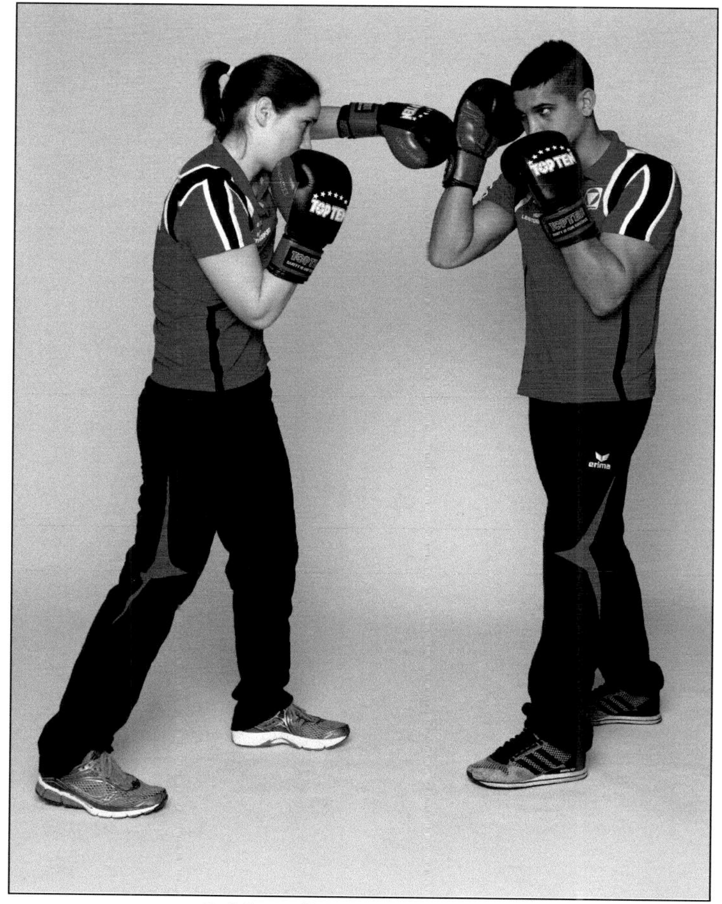

Seithandblock. Foto: HBF.

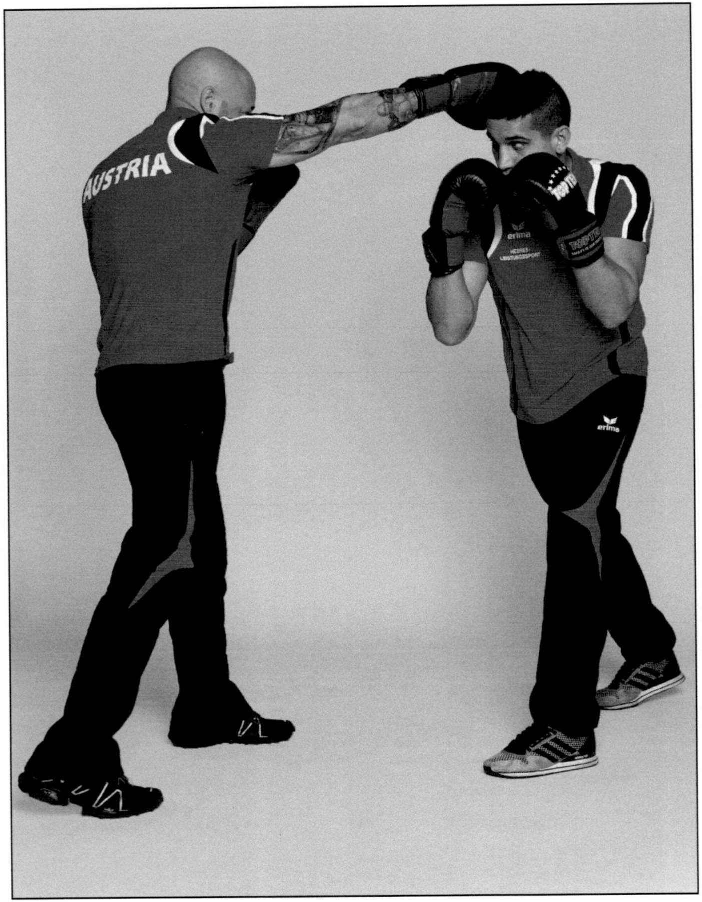

Meiden. Foto: HBF.

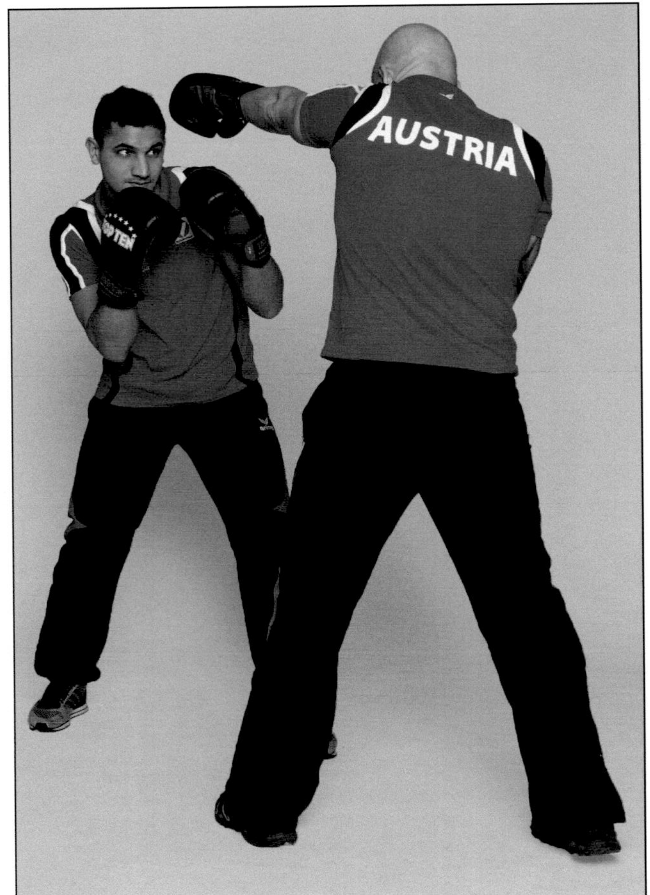

Meiden. Foto: HBF.

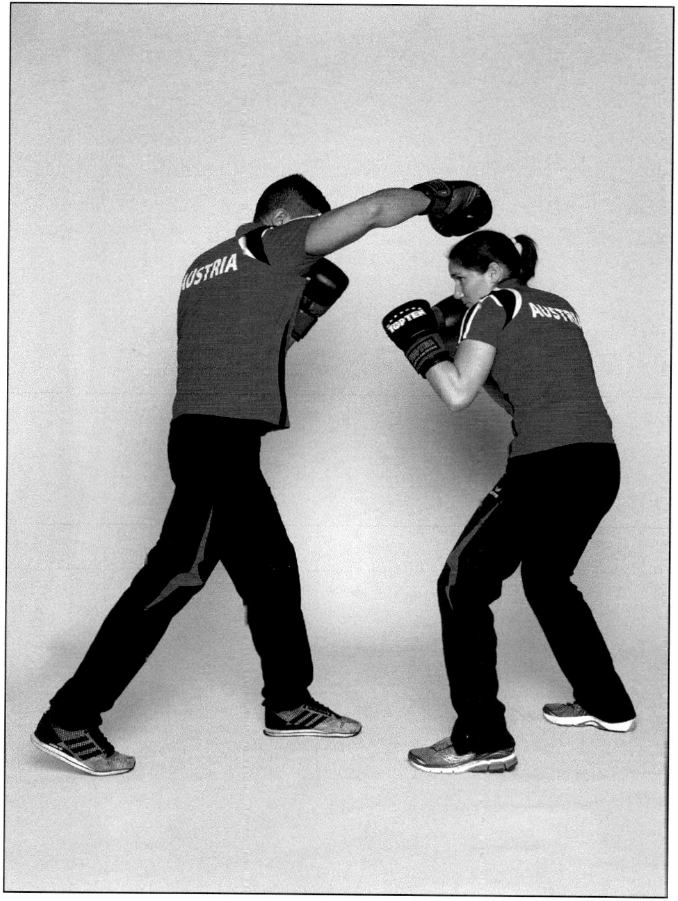

Rollen. Foto: HBF.

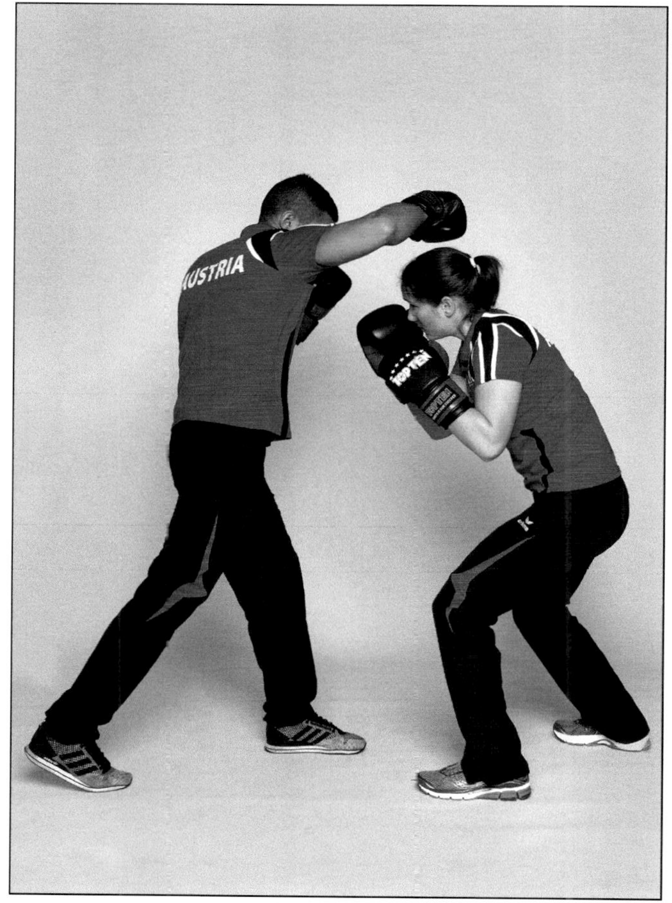

Rollen. Foto: HBF.

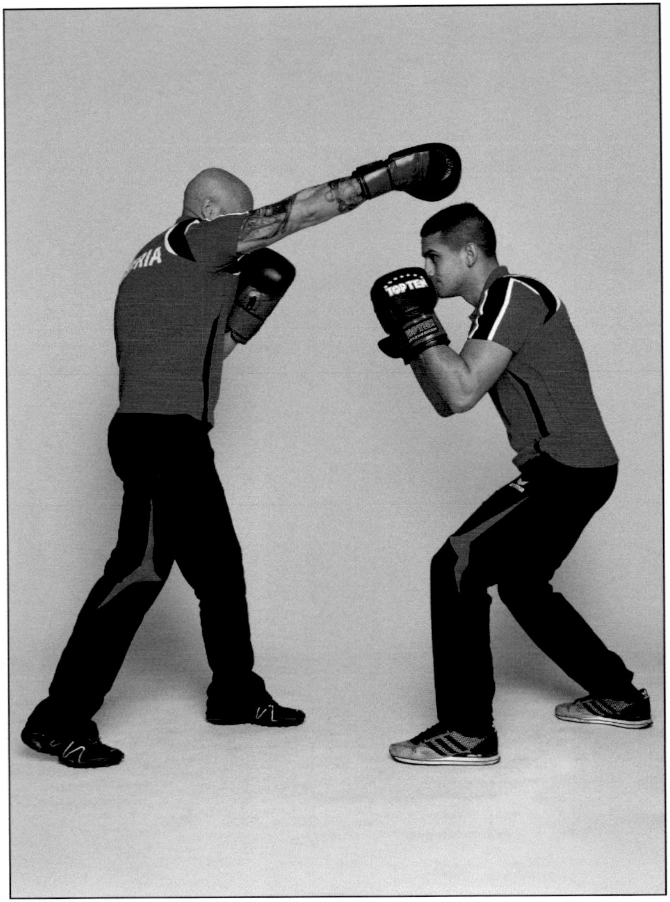

Abducken. Foto: HBF.

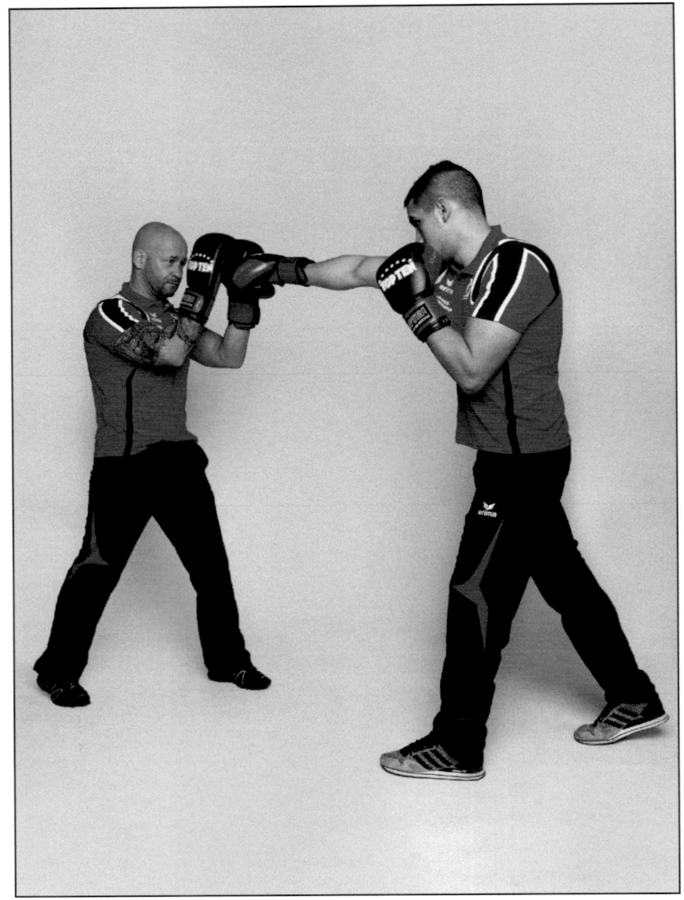

Doppeldeckung. Foto: HBF.

Aktive Verteidigung

Werden die beschriebenen Verteidigungshandlungen mit Schlägen verbunden oder verteidigt sich der Boxer bewusst durch Schläge, so sprechen wir von aktiven Verteidigungshandlungen.

FIEDLER, Boxsport

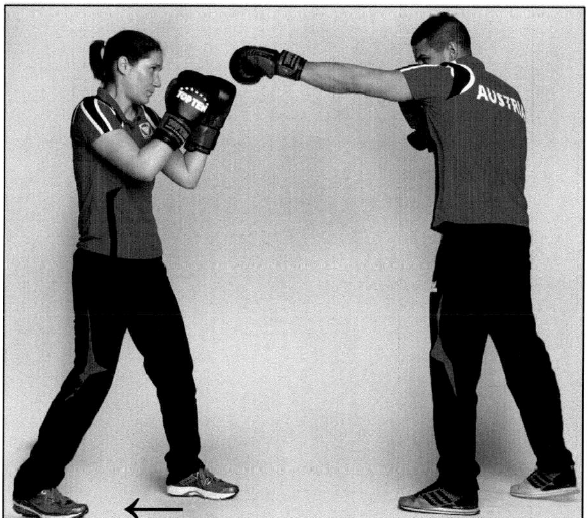

← **1. Rückschritt**

Foto: HBF.

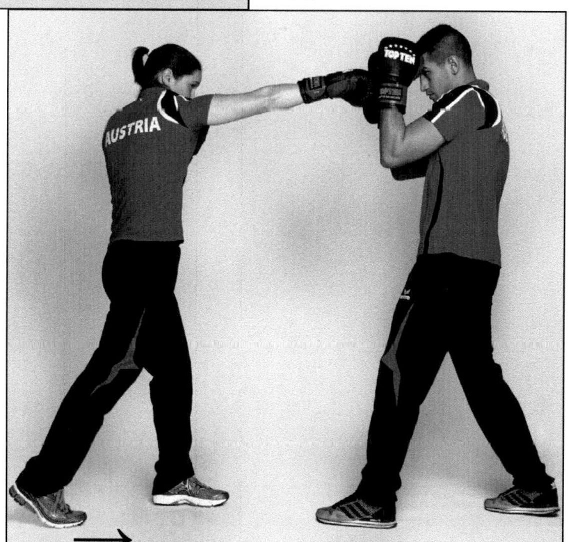

→ **2. Vorwärtsschritt** **Antworten**

Foto: HBF.

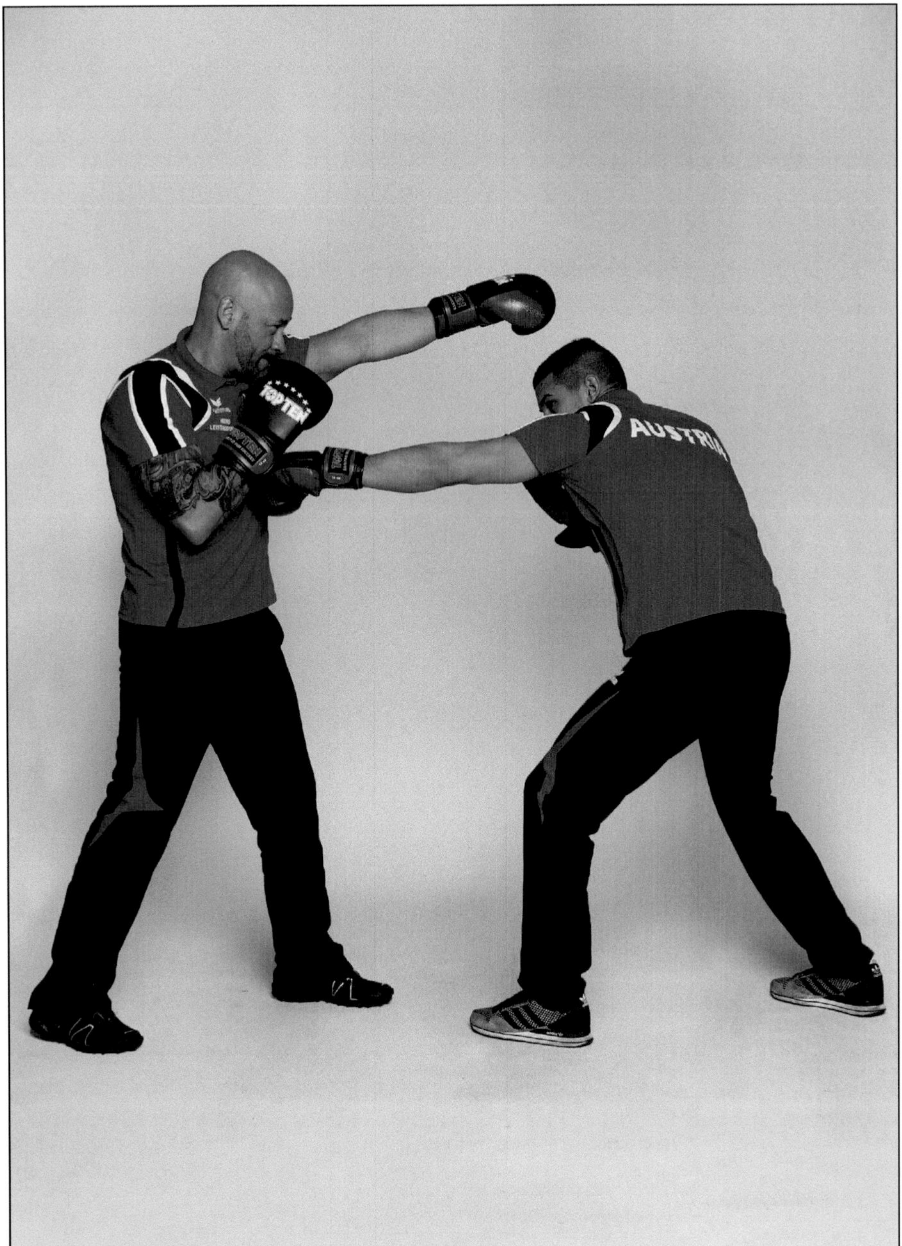

Parallel verlaufend. Foto: HBF.

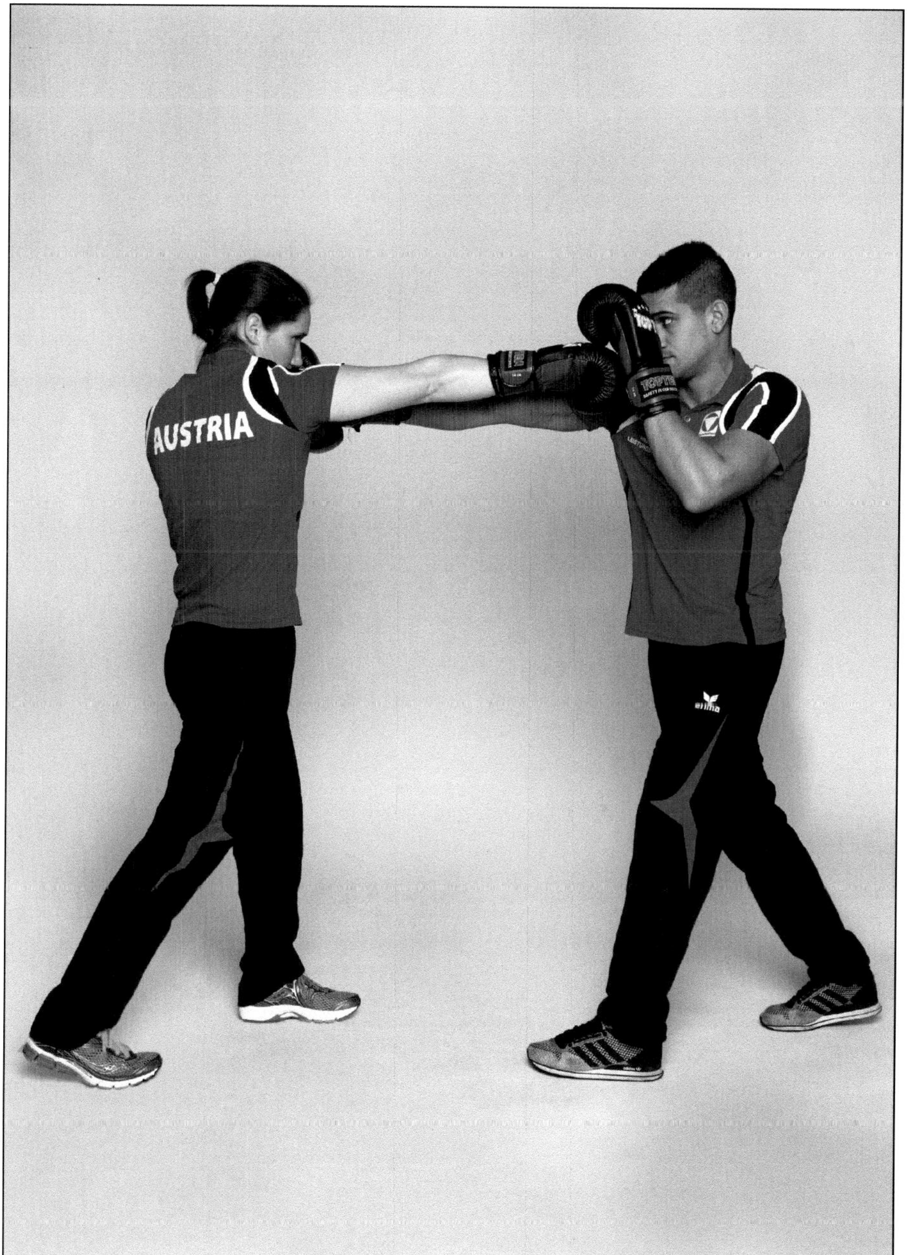

Parallel verlaufend. Foto: HBF.

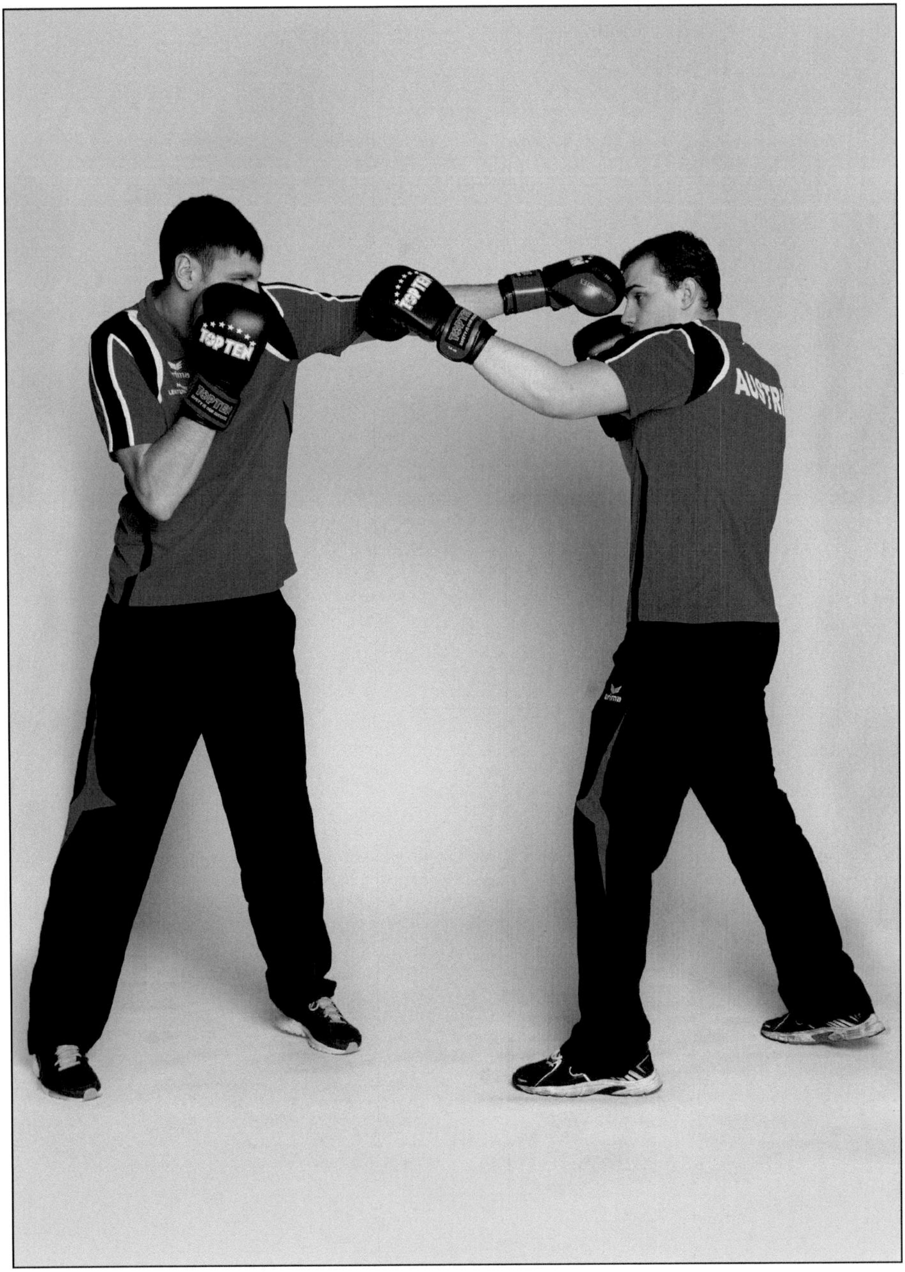

Antizipierend. Foto: HBF.

Das Erlernen von Angriffs- und Verteidigungselementen muss stets im Zusammenspiel erfolgen.

Inhalt des Trainings: Militärisches Boxen 1 – 2 UE
Trainingsmethode: Techniktraining
Trainingsform: Gruppentraining
Trainingsziel: Kennenlernen K3-Kampfsportspiele - Militärisches Boxen

Einheitennummer:
Leistungsgruppe: KAAB 3
Ausbildungsort: Sporthalle

Zeit		Ordnungsrahmen	Geräte	Bemerkung
10 min	Allgemeines Aufwärmen • Gelenksmobilisation • Aktivieren HKS (HF maximal bis 140) (laufgymnastische Übungen	Gruppenrahmen	Folder K3 Folder Kampfsport-spiele	Uhren, Schmuck,... ablegen
20 min	Praktische Umsetzung K3 • Vormachen • Erklären • Übung durchführen 3 Wiederholungen	Blockaufstellung	Lernbehelf Militäri-sches Boxen	
10 min	Spezifisches Aufwärmen • Kampfsportspiele • Vorzeigen, Paarweise zusammen, durchführen • Belastung – Beanspruchung aufzeigen	Gruppenrahmen	**Schlagpolster, Schutzausrüstung**	Auf Ordnungsrahmen der Kursteilnehmer achten, auf Komman-do „Stopp" muss so-fort das Spiel beendet werden
5 min	Pause			
20 min	Boxgrundschule • Boxstellung • Fortbewegung • Gerade Schläge (zum Kopf und Körper) im Stand/Bewegung • Differenzierungsübungen	Blockaufstellung		
10 min	• Passive Verteidigung (Block und Rückschritt) • Spielformen			
10 min	• Konditionierung im bedingten Sparring	Gassentraining		
5 min	Cool Down	Frei		

VERTEIDIGUNG PASSIV

5 ' Einweisung in Ablauf

10' Allgemeines Erwärmen

Mobilisieren Dynamisch, Kräftigungsübungen, Koordinationsübungen

10 ' Kampfsportspiele

Spiele mit der Schwimmnudel, Kampf um das Berühren der Schultern, Oberschenkel, Zehen

25 ' Passive Verteidigung in der LD

Aufstellung in der Gasse, Üben der Verteidigungen im Stand im Wechsel,
Beginnend mit Rückschritt, Abducken, Einhandblock, Doppeldeckung
Danach in der Bewegung, Partner A greift mit FH gerade und SH gerade zum Kopf an (Einzel Schläge immer im Wechsel) Partner B verteidigt, danach Wechsel

5 ' Pause

20 ' Passive Verteidigung in der LD

Aufstellung in der Gasse, Üben der Verteidigungen im Stand im Wechsel,
Parade und Meiden, Danach in der Bewegung, Partner A greift mit FH gerade und SH gerade zum Kopf an (Einzel Schläge immer im Wechsel) Partner B verteidigt, danach Wechsel

10 ' Partnerübungen 3 Runden 2 Minuten Kampf 1 Minute Pause

Ersten 2 Runden Partner A greift an in der LD aber nur FH und SH gerade zum Kopf aber so wie er möchte, Partner B verteidigt passiv, danach Wechsel,
Letzte Runde beide Kämpfen in der LD, FH und SH gerade zum Kopf verteidigt wird Passiv

5 ' Cool Down

Auslaufen

Ausrüstung: Boxhandschuhe, Zahnschutz

Taktische Kampfhandlungen

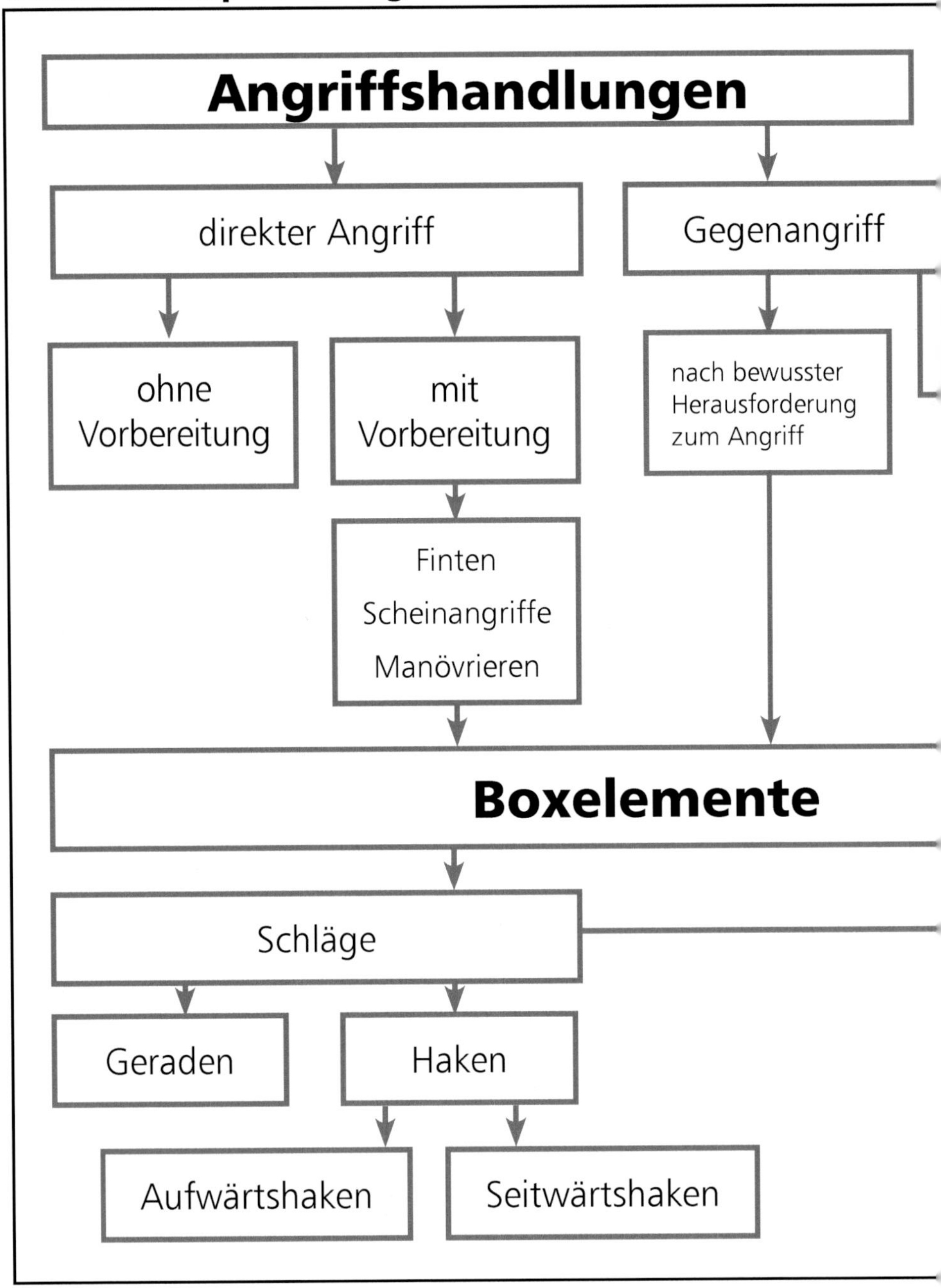

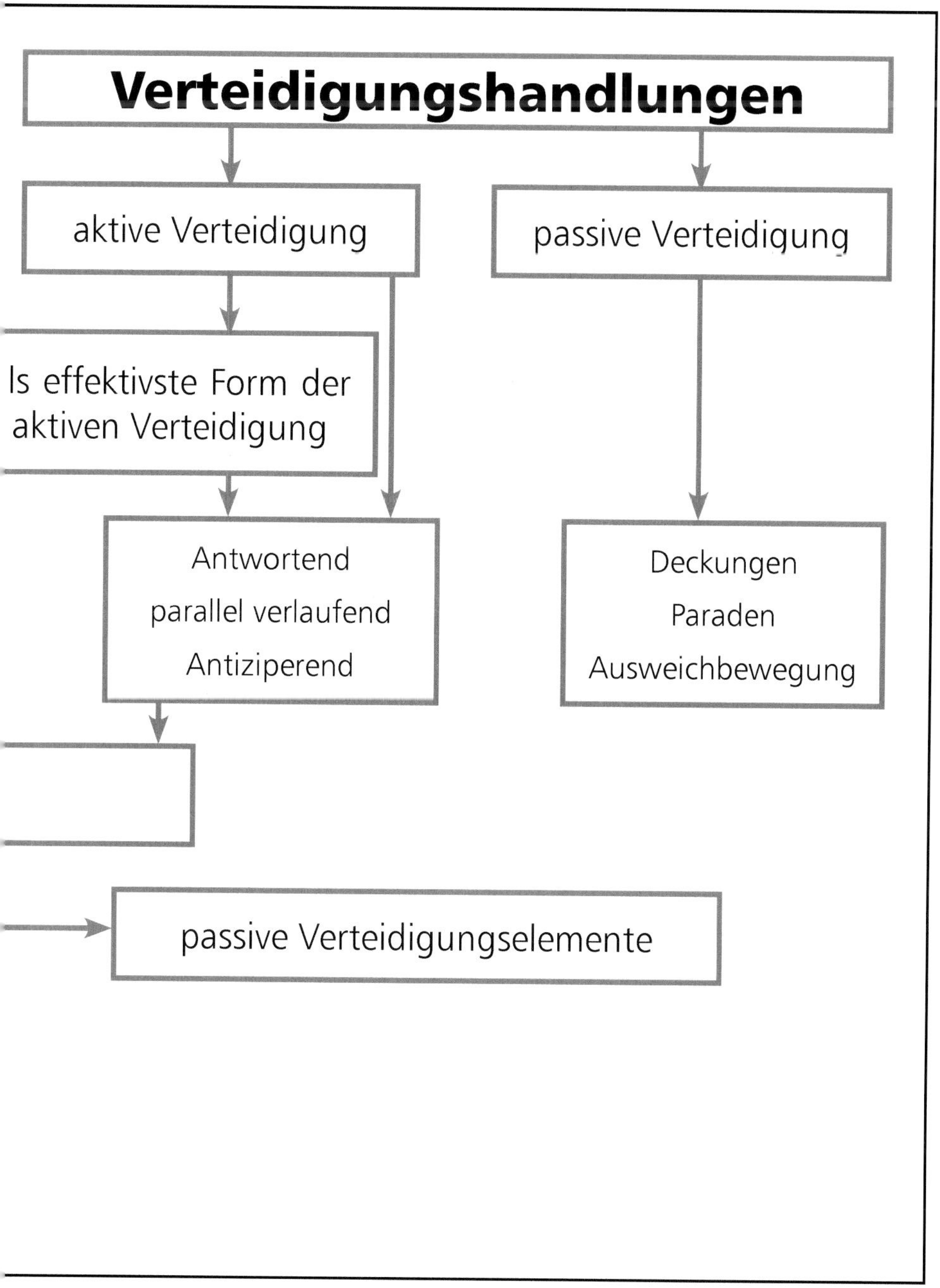
Verteidigungshandlungen
aktive Verteidigung
passive Verteidigung
ls effektivste Form der
aktiven Verteidigung
Antwortend
parallel verlaufend
Antiziperend
Deckungen
Paraden
Ausweichbewegung
passive Verteidigungselemente

Differenzierungs-übungen

Differenzierungsübungen
Militärisches Boxen findet ausschließlich im Leichtkontaktmodus statt. Differenzierungsübungen dienen dem Erlernen des bewusst dosierten Krafteinsatzes von Schlägen. Anhand der Rückmeldung des Partners entwickelt sich eine angepasste Schlaghärte (Schlaghärte ist subjektiv). Diese „Treffer ohne Härte" sind in jeder Stufe der Ausbildung einzubauen.
Die Differenzierungsübungen dürfen nur mit Schutzausrüstung durchgeführt werden!

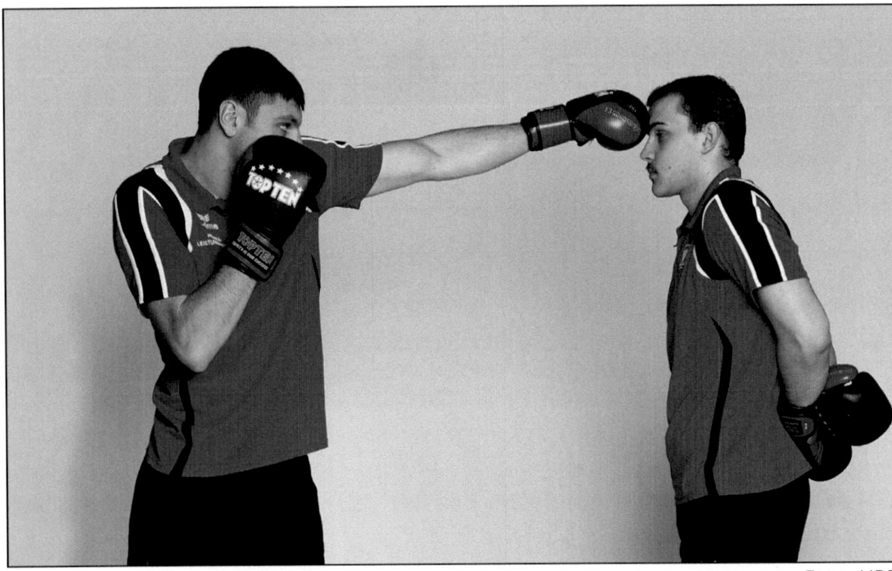

Foto: HBF.

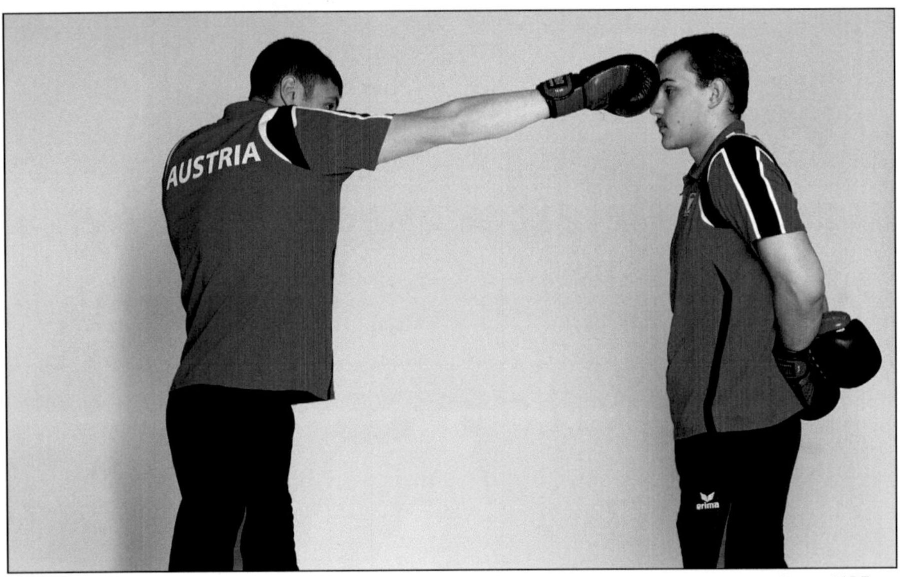

Foto: HBF.

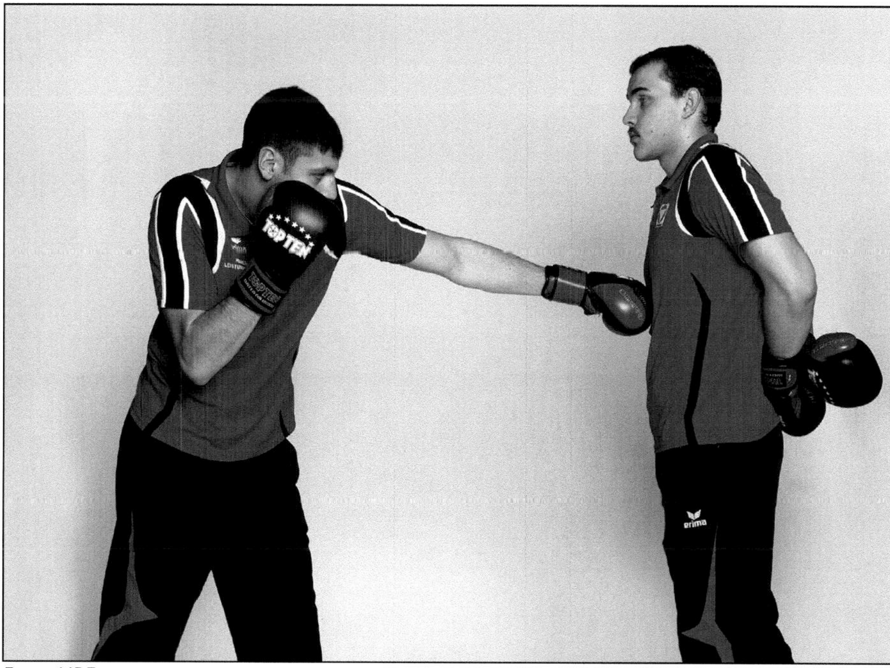

Foto: HBF.

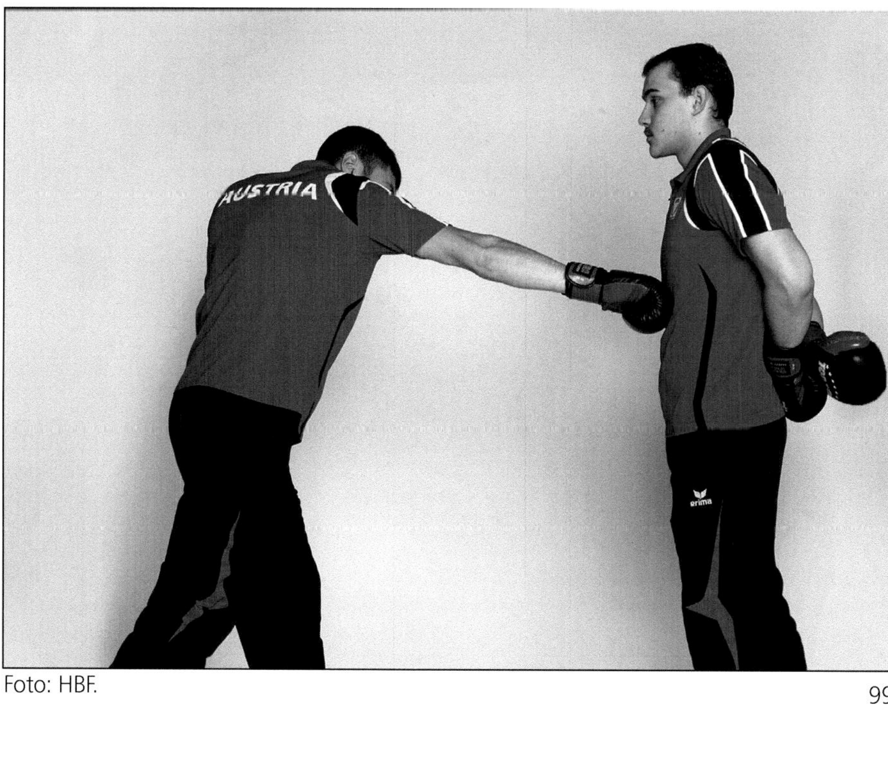

Foto: HBF.

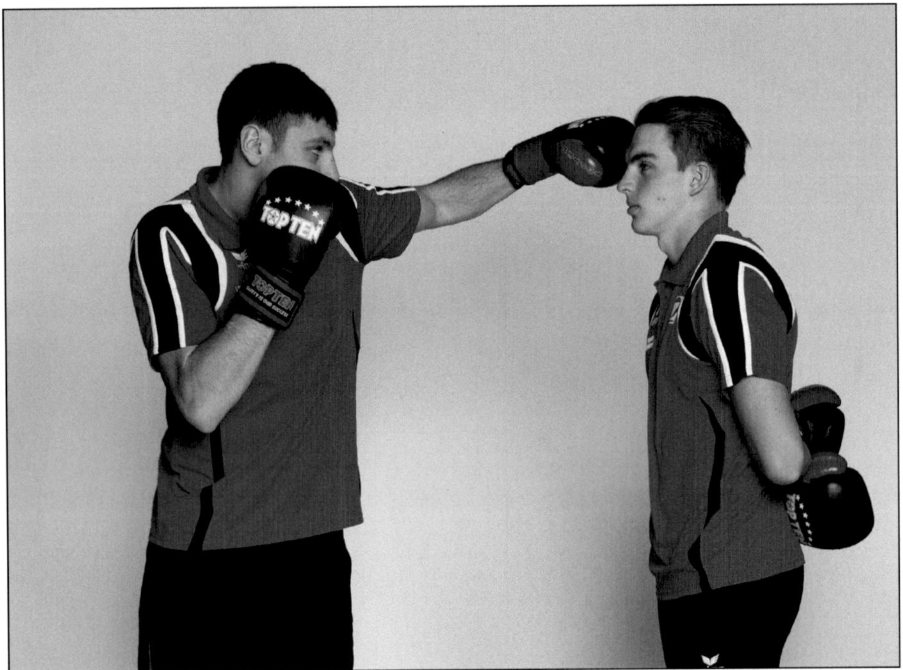

Foto: HBF.

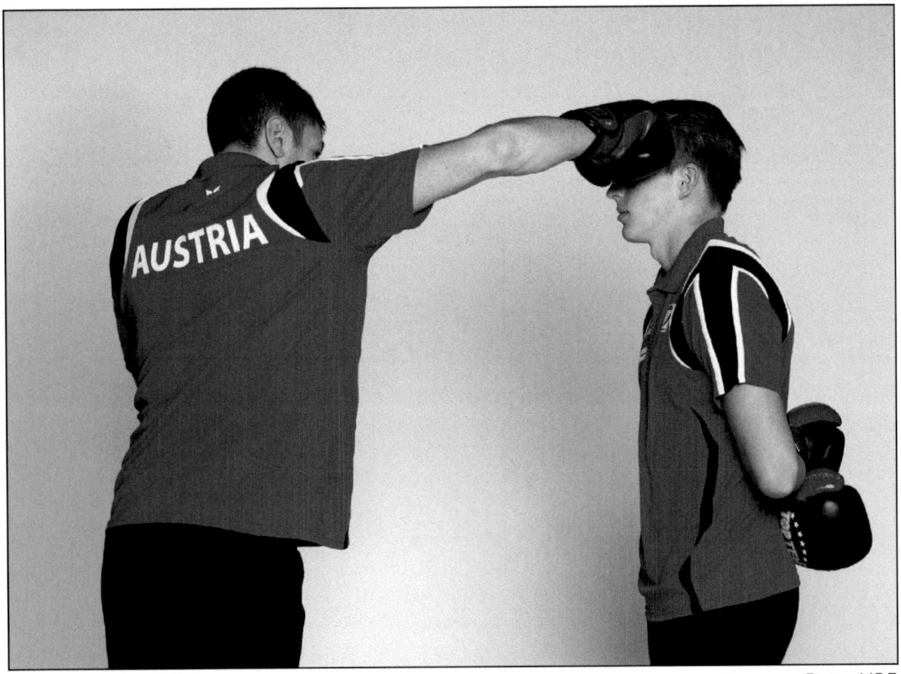

Foto: HBF.

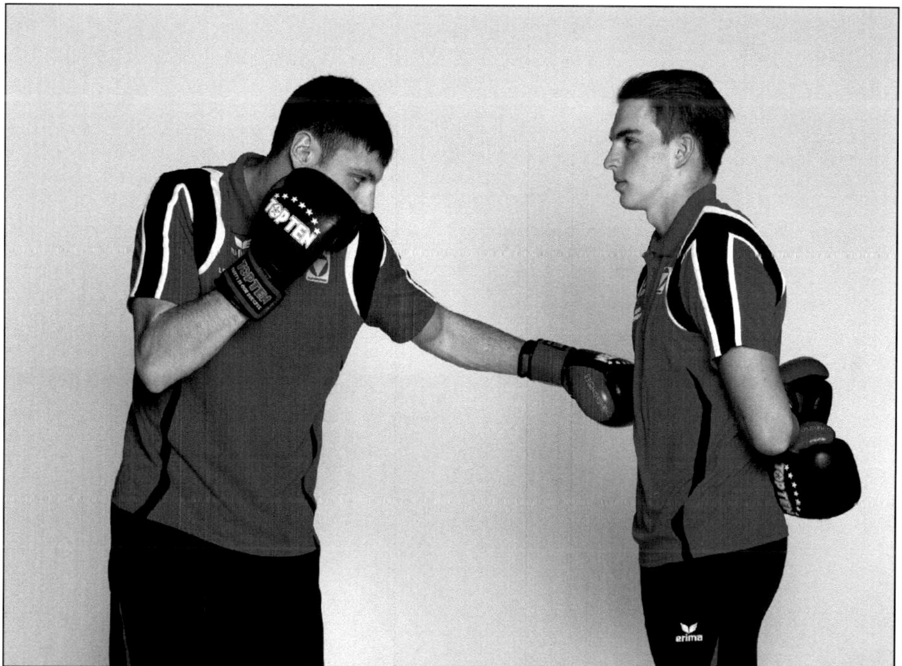

Foto: HBF.

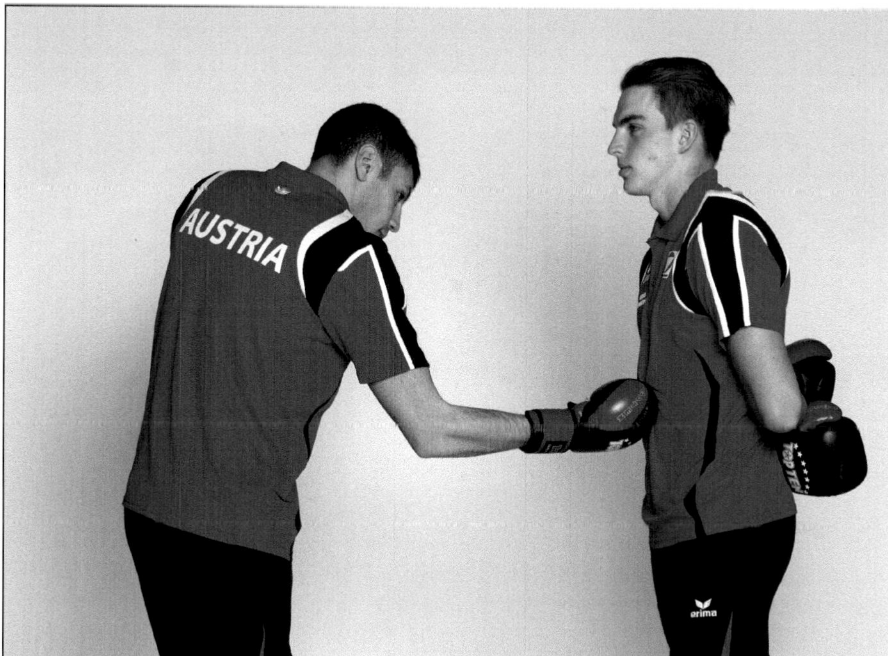

Foto: HBF.

Imitierende Partnerübungen

Imitierende Partnerübungen dienen dem Erlernen von boxerischen Grundfertigkeiten (z.B.: Technik, Distanzgefühl, Antizipation, Rhythmusgefühl).

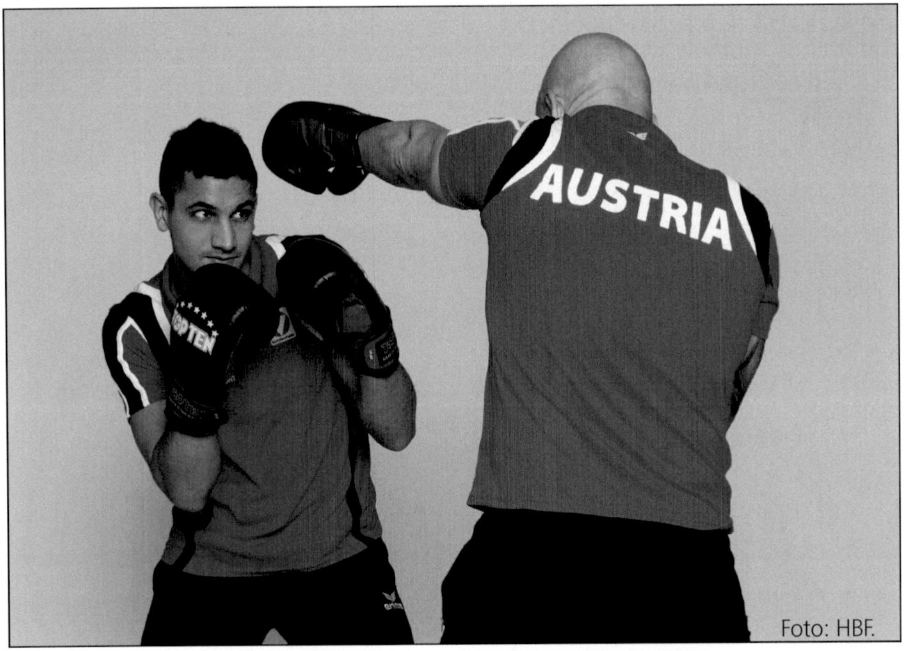

Foto: HBF.

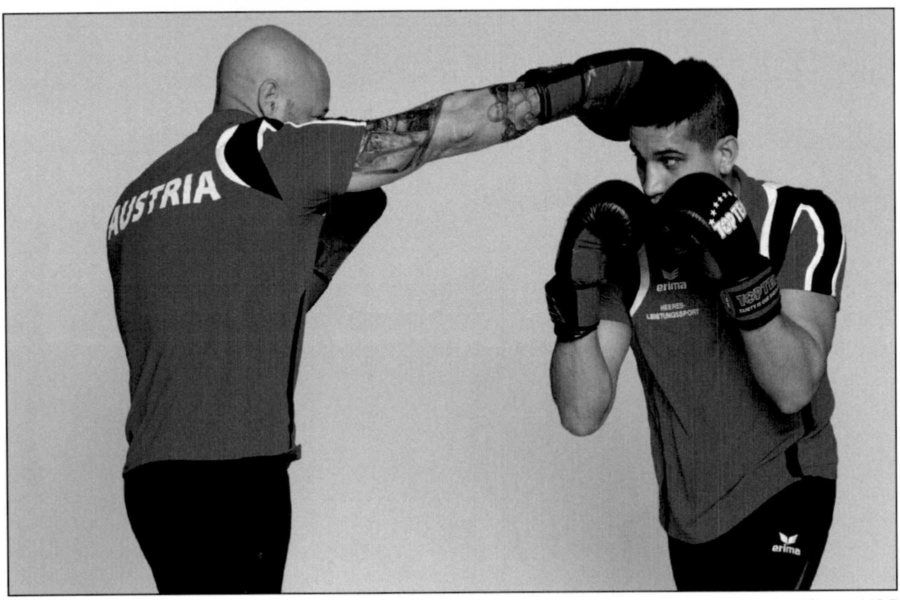

Foto: HBF.

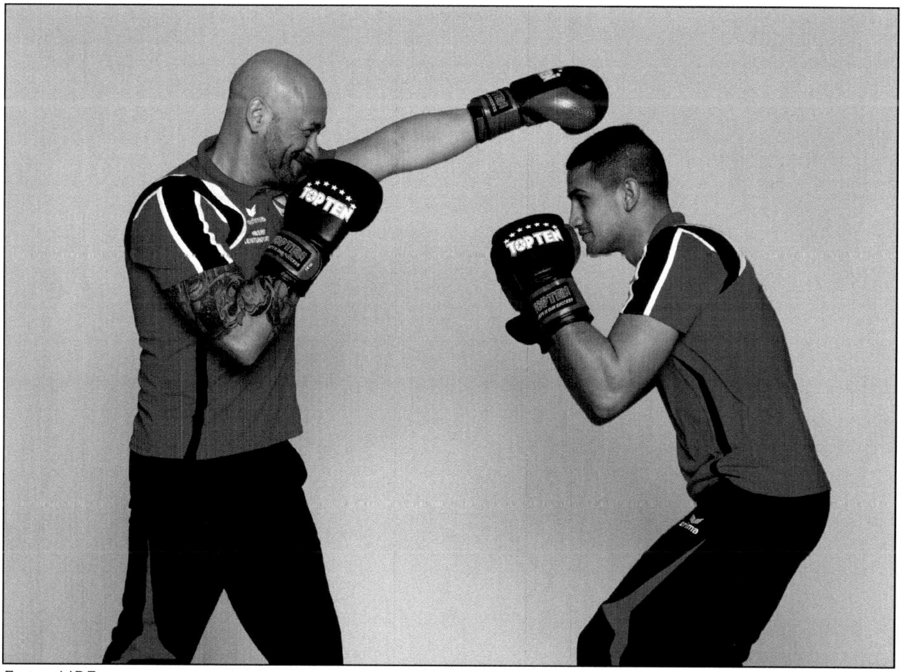
Foto: HBF.

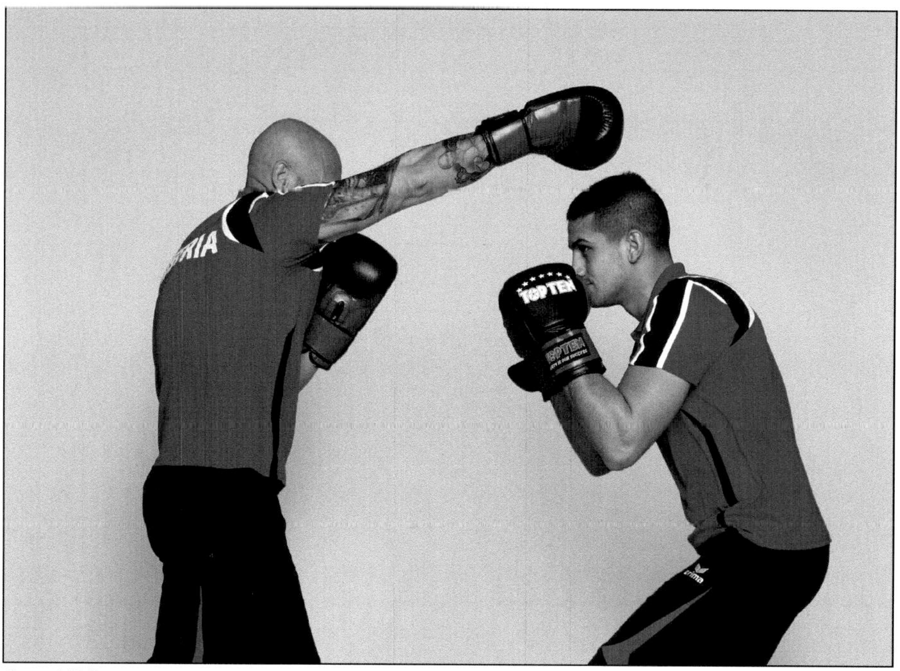
Foto: HBF.

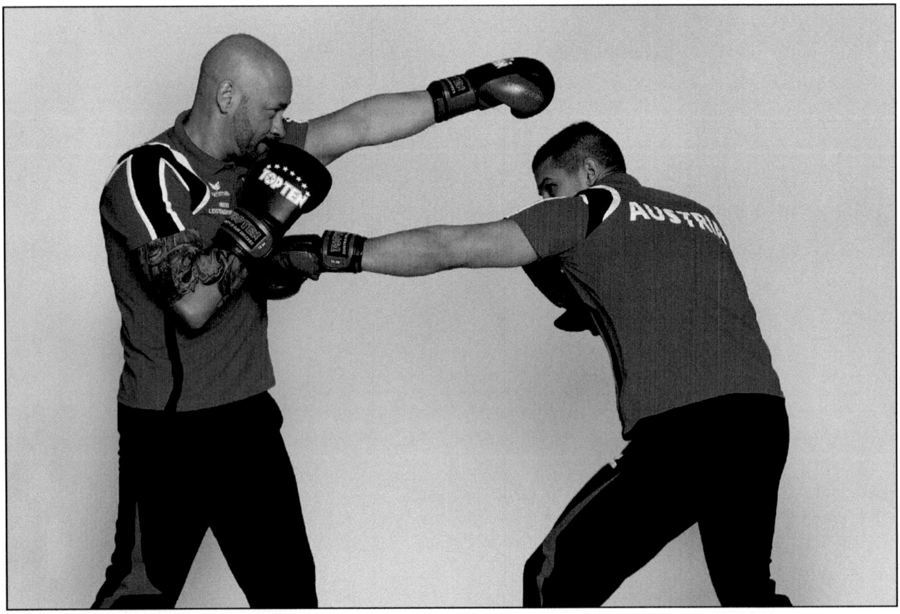

Foto: HBF.

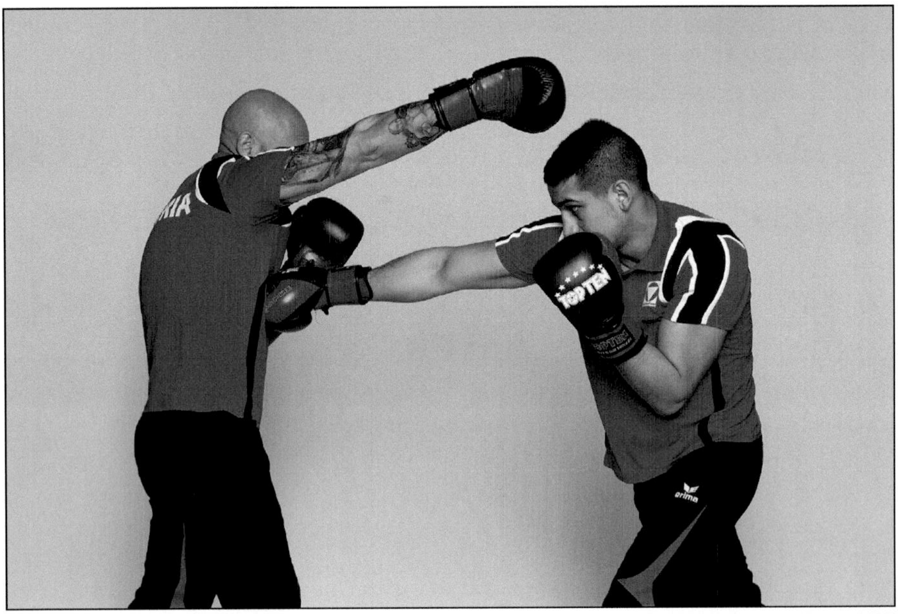

Foto: HBF.

Imitierende Partnerübung – differenzierend

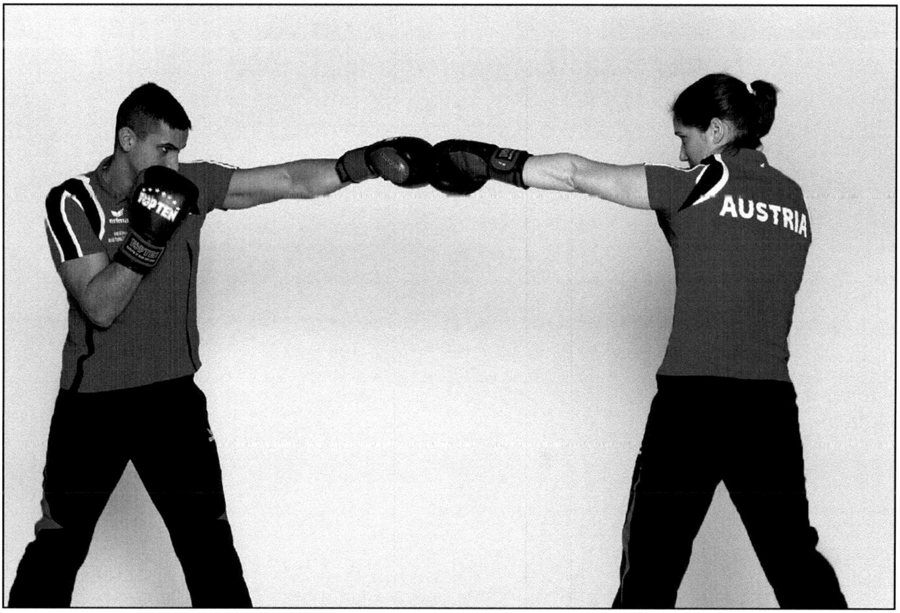

Führhand Gerade. Foto: HBF.

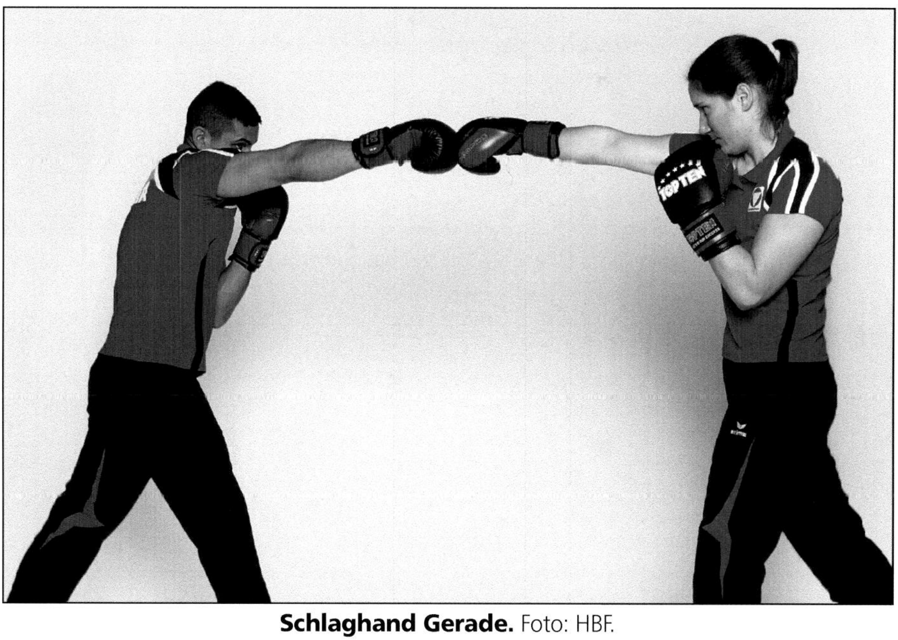

Schlaghand Gerade. Foto: HBF.

Differenzierungsübungen und Imitierende Partnerübungen

5 ' Einweisung in Ablauf

10' Allgemeines Erwärmen

Mobilisieren Dynamisch, Kräftigungsübungen, Koordinationsübungen

10 ' Kampfsportspiele

Handschlagen, Spiele mit dem Tennisball,

25 ' Differenzierungsübungen

Im Stehen in der Gasse zu Kopf und Körper in der LD, Partner A schlägt FH und SH gerade Partner B lässt sich schlagen auf die Stirn und zum Körper, Partner B gibt dem anderen Rückmeldung ob zu fest oder nicht getroffen, danach Wechsel,
danach das Ganze im Gehen, Partner B führt Partner A,
Danach selber Ablauf mit Seitwärtshaken zum Kopf

5 ' Pause

10 ' Differenzierungsübungen

Selber Ablauf wie vor der Pause nur mit Aufwärtshaken zum Körper,
Letzte Übung wieder in der Gasse Partner A schlägt zu Kopf und Körper gerade Schläge, Partner B hat die Augen geschlossen und versucht sobald er den Schlag spürt durch explosionsartiges Ausschlagen den anderen zu treffen, Partner A kann den Schlag ausweichen indem er einen Rückschritt macht oder die Doppeldeckung benutzt

15 ' Imitierende Partnerübungen

In der Gasse Partner A schlägt abwechselnd eine FH Gerade danach eine SH gerade immer im gleichen Tempo, Partner B verteidigt passiv, wenn A merkt das b das gut kann, dann kann er das Tempo steigern
Partner A und B stehen in der LD durch einen federnd gleitenden Schritt zueinander und gleichzeitigem Schlag mit der FH versuchen die beiden den jeweils anderen Handschuh zu treffen danach ein federnd gleitender Schritt zurück und das ganze wird wiederholt mit der SH, das ganze kann auch mit Haken gemacht werden und danach alle Grundschläge mit einender verbunden werden

10 ' Cool Down

Schnurrspringen

Ausrüstung: komplette Schutzausrüstung

Imitierende Partnerübung – differenzierend

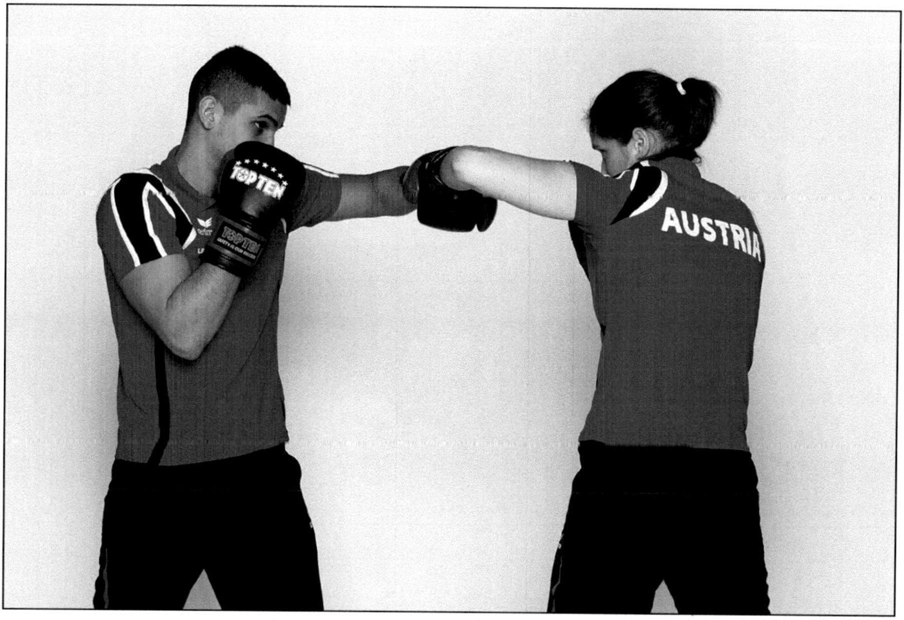

Führhand Seitwärtshaken. Foto: HBF.

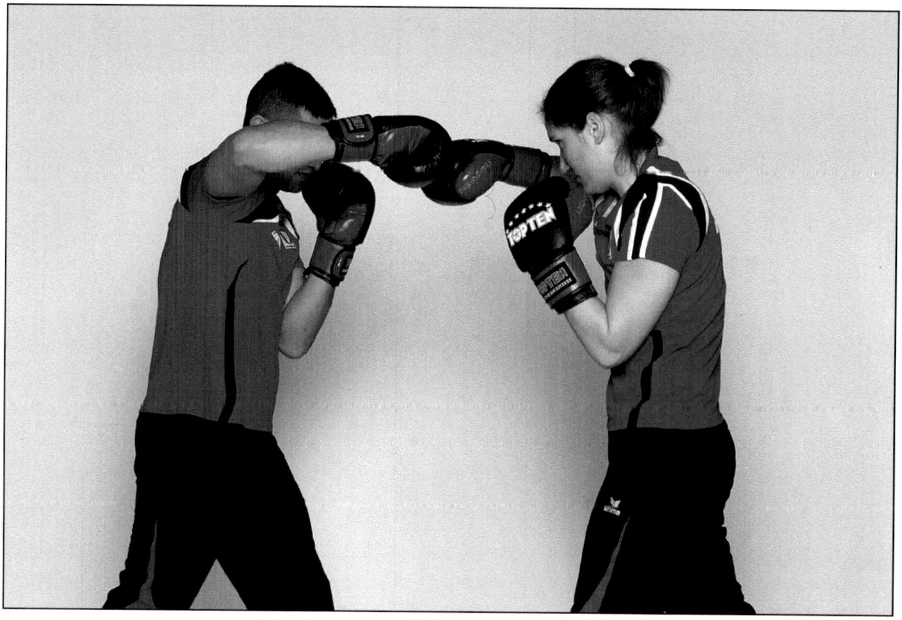

Schlaghand Seitwärtshaken. Foto: HBF.

Imitierende Partnerübung – differenzierend

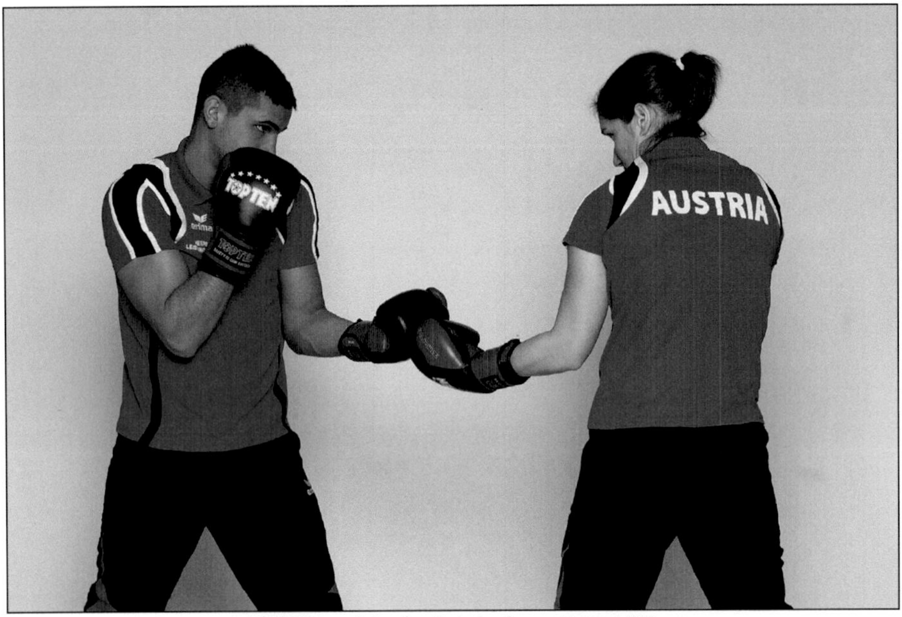

Führhand Aufwärtshaken. Foto: HBF.

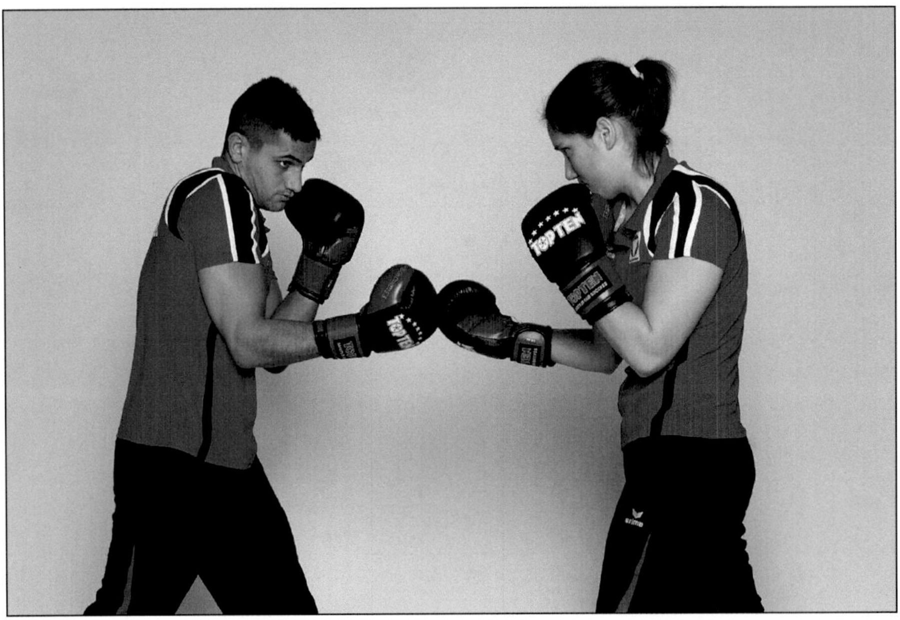

Schlaghand Aufwärtshaken. Foto: HBF.

Imitierende Partnerübungen – parallel verlaufend

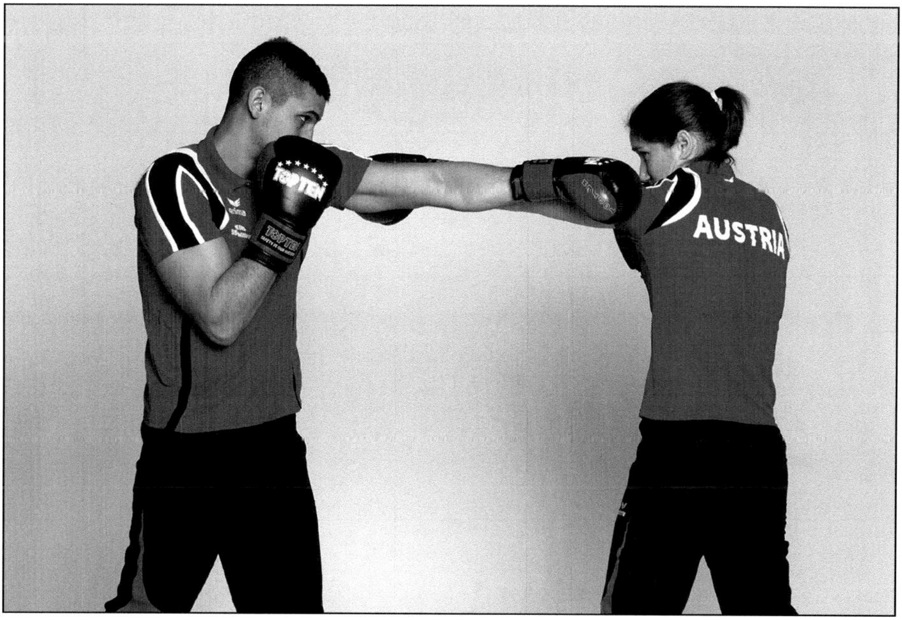

Führhand Gerade. Foto: HBF.

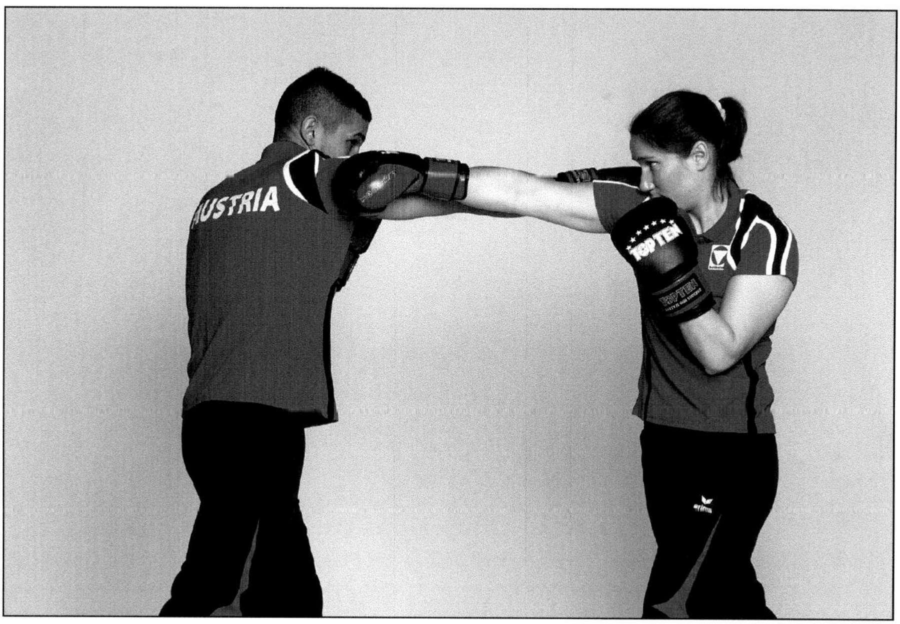

Schlaghand Gerade. Foto: HBF.

Imitierende Partnerübungen – parallel verlaufend

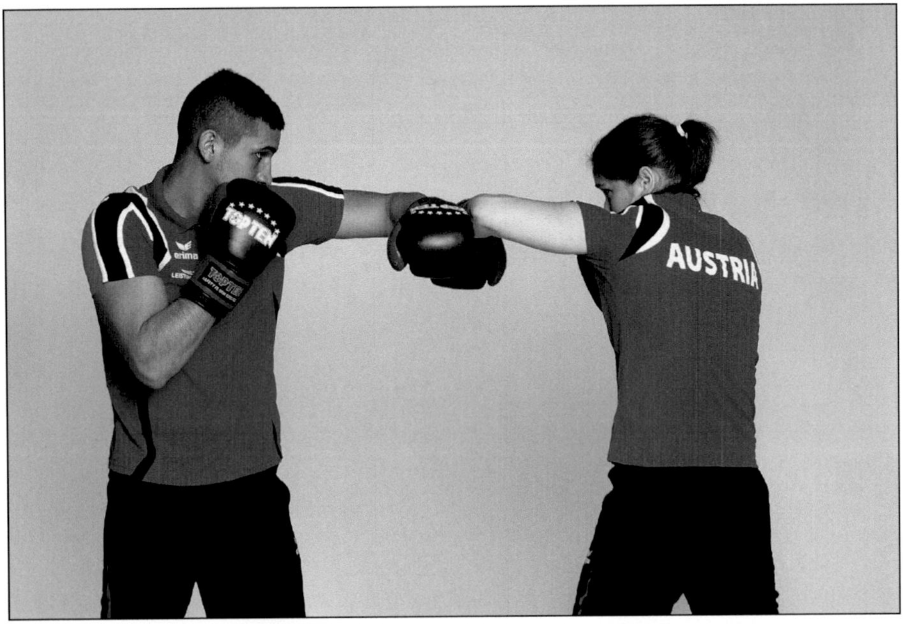

Führhand Seitwärtshaken. Foto: HBF.

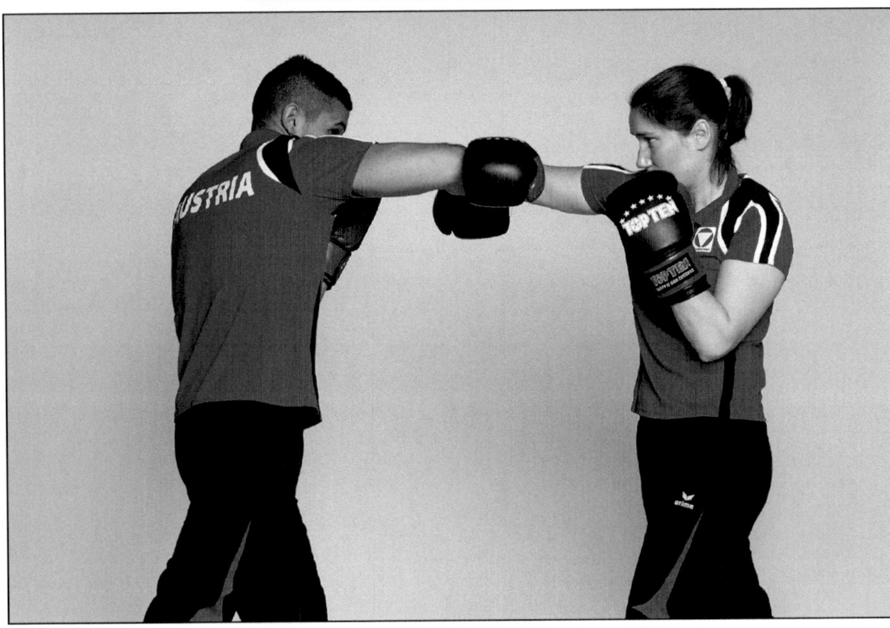

Schlaghand Seitwärtshaken. Foto: HBF.

Imitierende Partnerübungen – parallel verlaufend

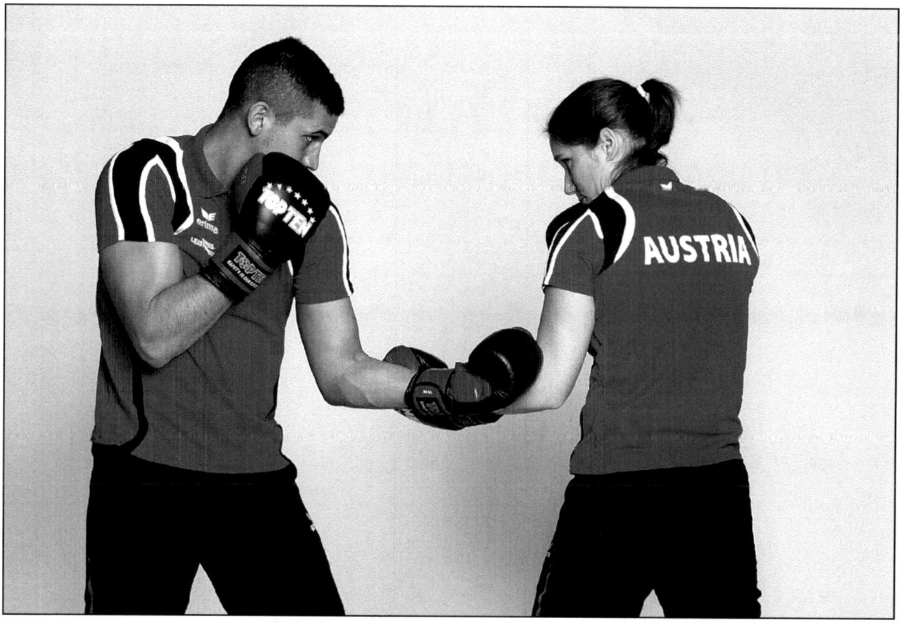

Führhand Aufwärtshaken. Foto: HBF.

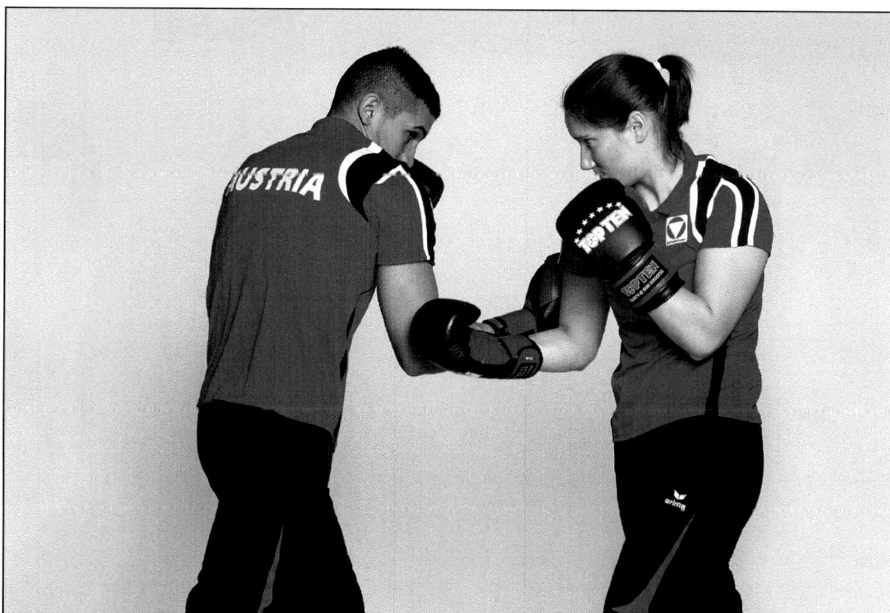

Schlaghand Aufwärtshaken. Foto: HBF.

Spielformen

Übergang zu bedingtem Sparring, freiem Sparring, Wettkampf

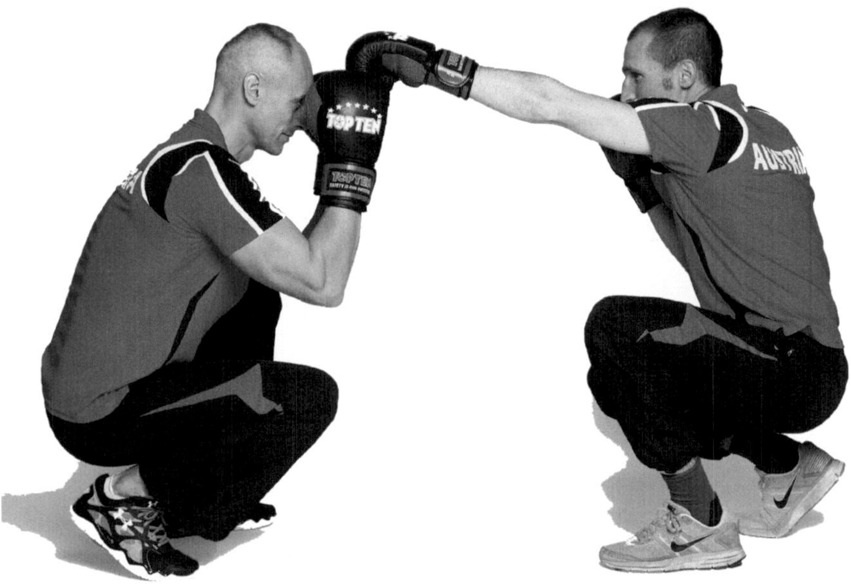

Foto: HBF.

Positionsspiel

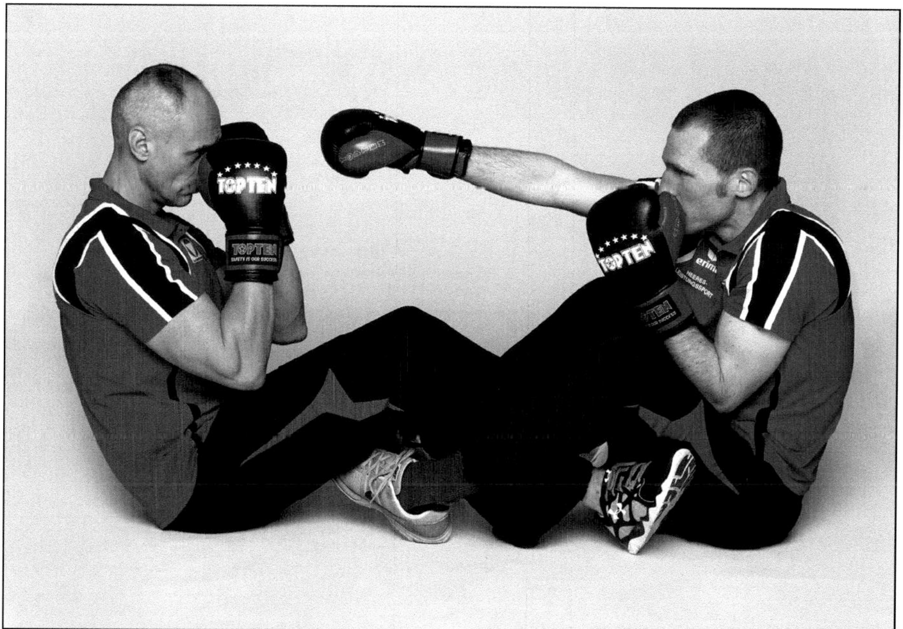

Foto: HBF.

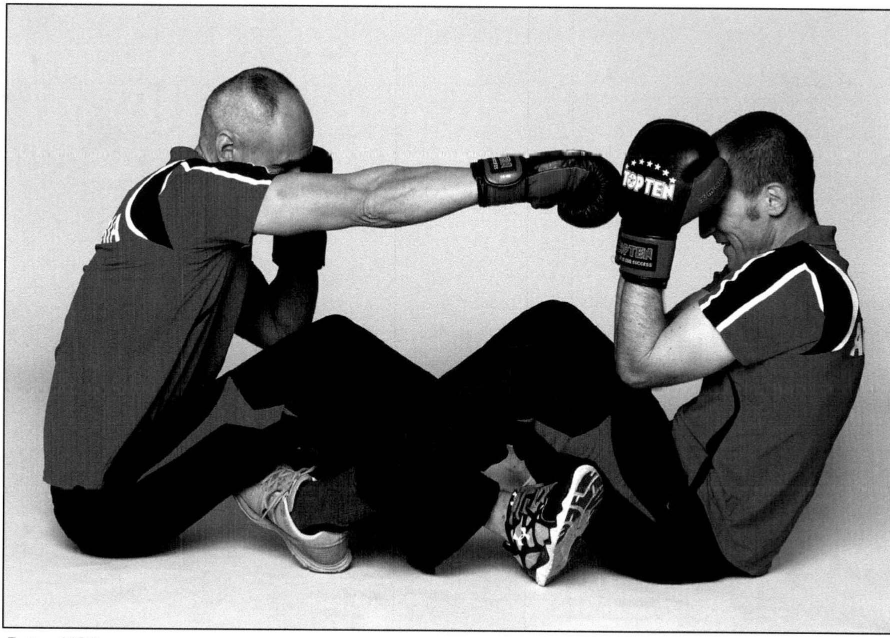

Foto: HBF.

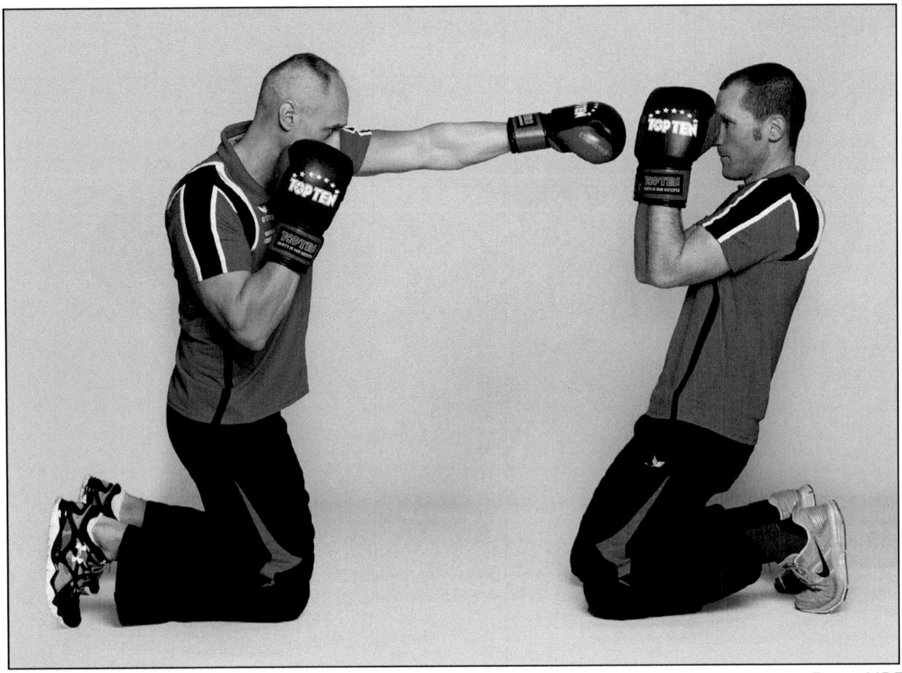

Foto: HBF.

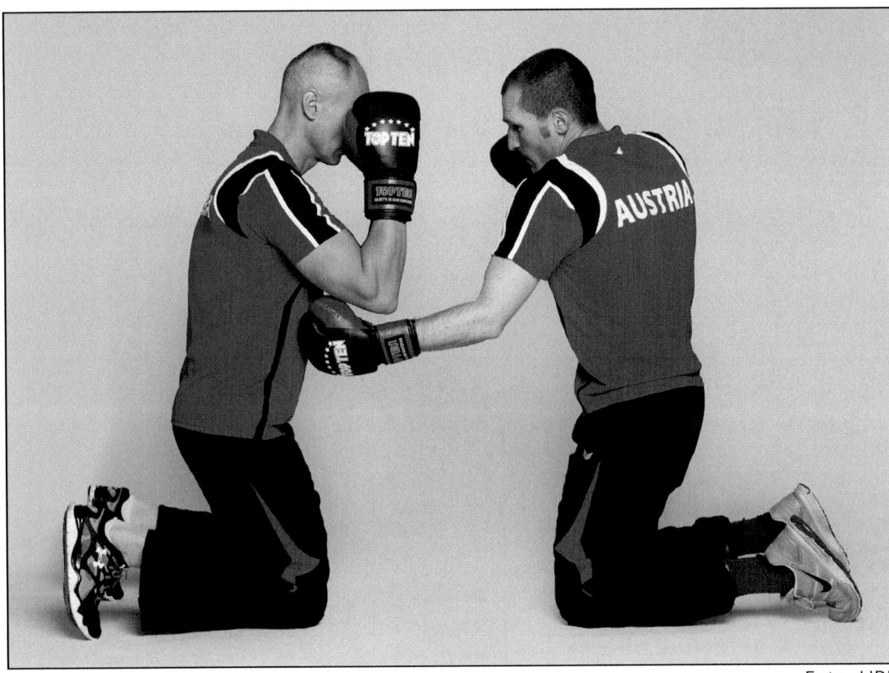

Foto: HBF.

Reaktionsspiel

Partner A steht in Boxstellung mit Händen hängend vor dem Körper und geschlossenen Augen vor Partner B.

Partner B schlägt mit einem Schritt aus der Langdistanz gerade Hände zu Stirn und Bauch von Partner A.

Partner A kontert bei Kontakt so schnell als möglich und Partner B geht rasch zurück in die Langdistanz und vermeidet einen Treffer.

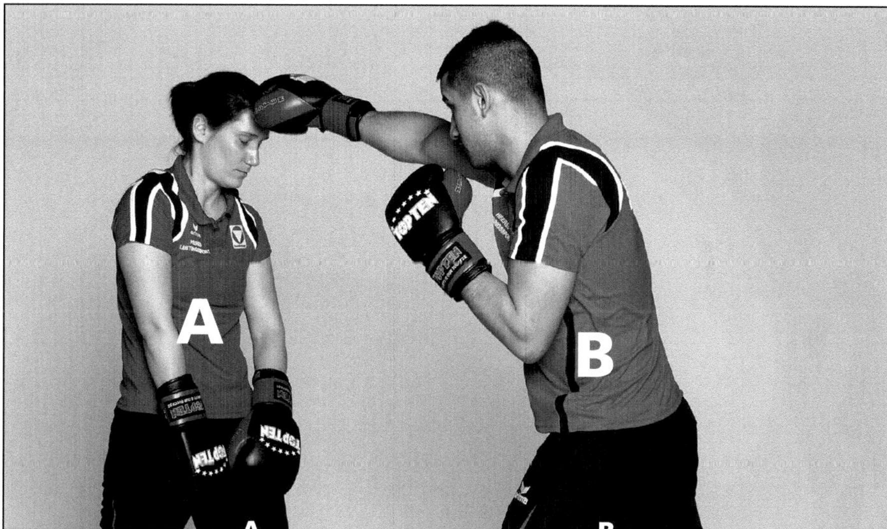

Foto: HBF.

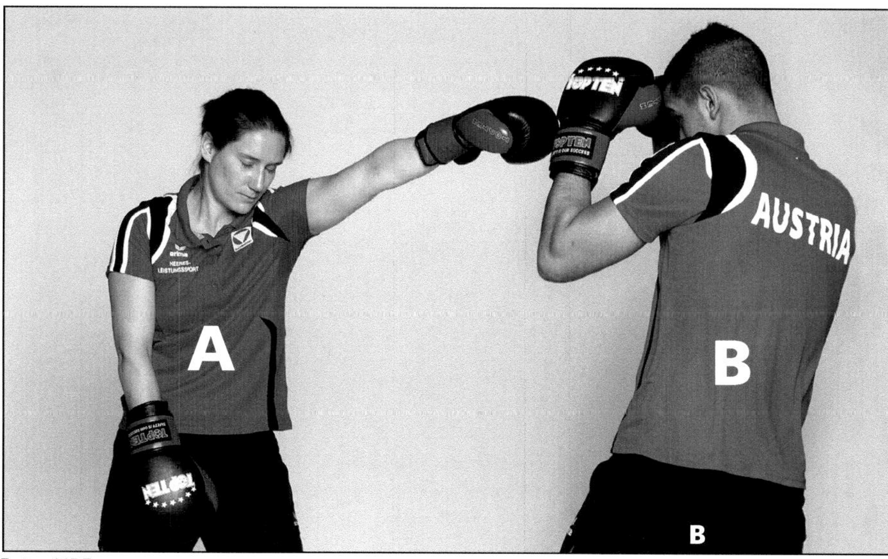

Foto: HBF.

Kreisspiel

Ausgangspositionen für Kreisspiele:

Partner B befindet sich mit dem vorderen Bein (Abb.1) in einem Kreis und verteidigt passiv mit Meiden und Abducken.

Ein Verlassen der Markierung soll dabei vermieden werden

Kreisspiel 1:

Partner A bewegt sich um Partner B und schlägt gerade Stöße zur Stirn.

Abb. 1

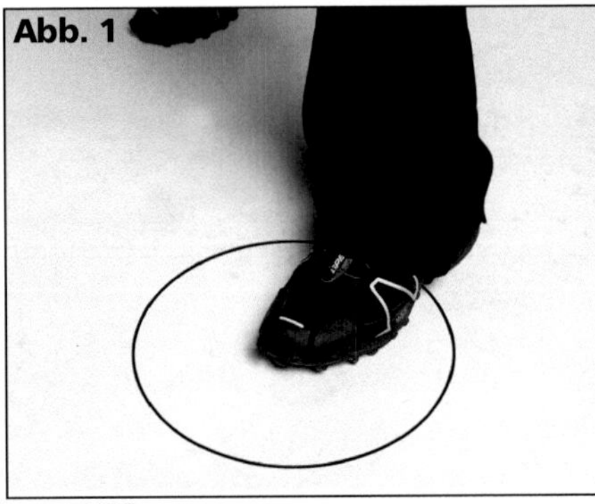

Foto: HBF.

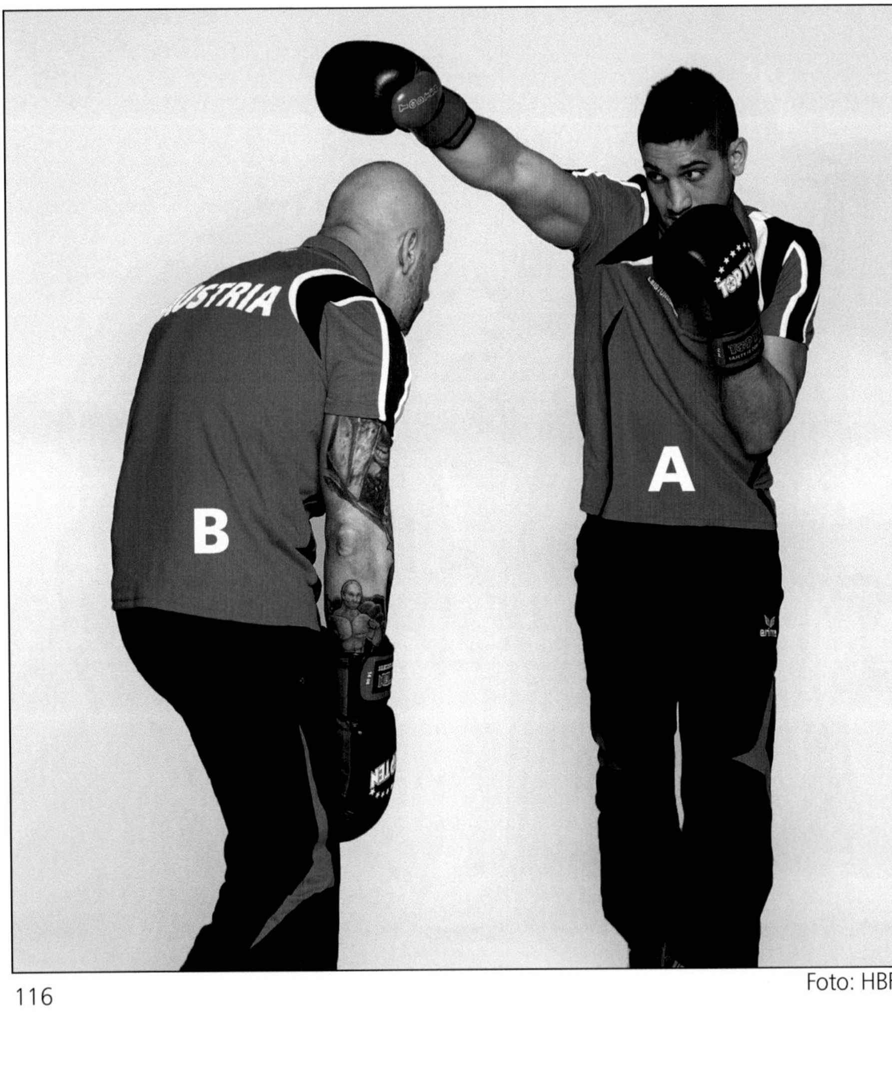

Foto: HBF.

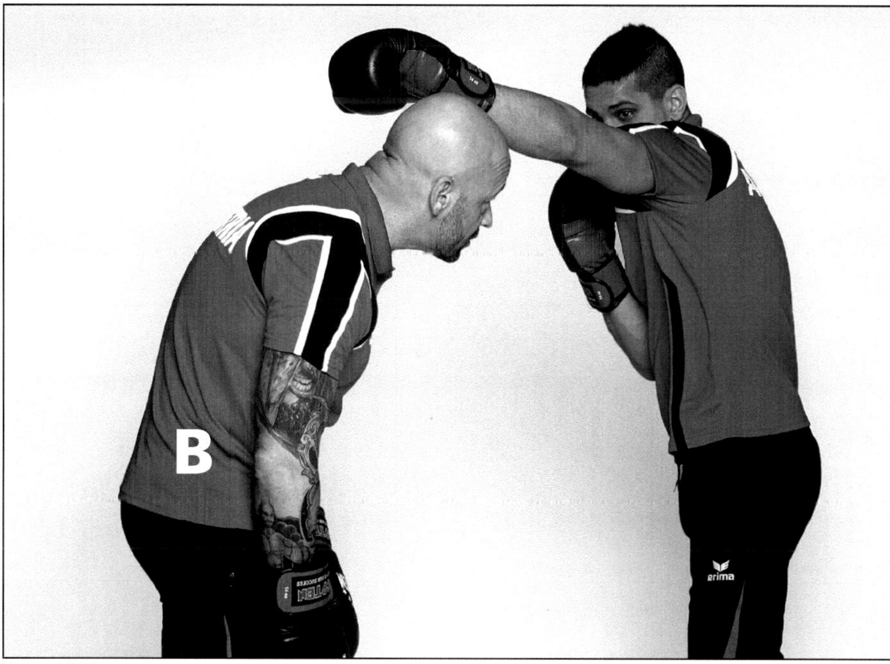

Foto: HBF.

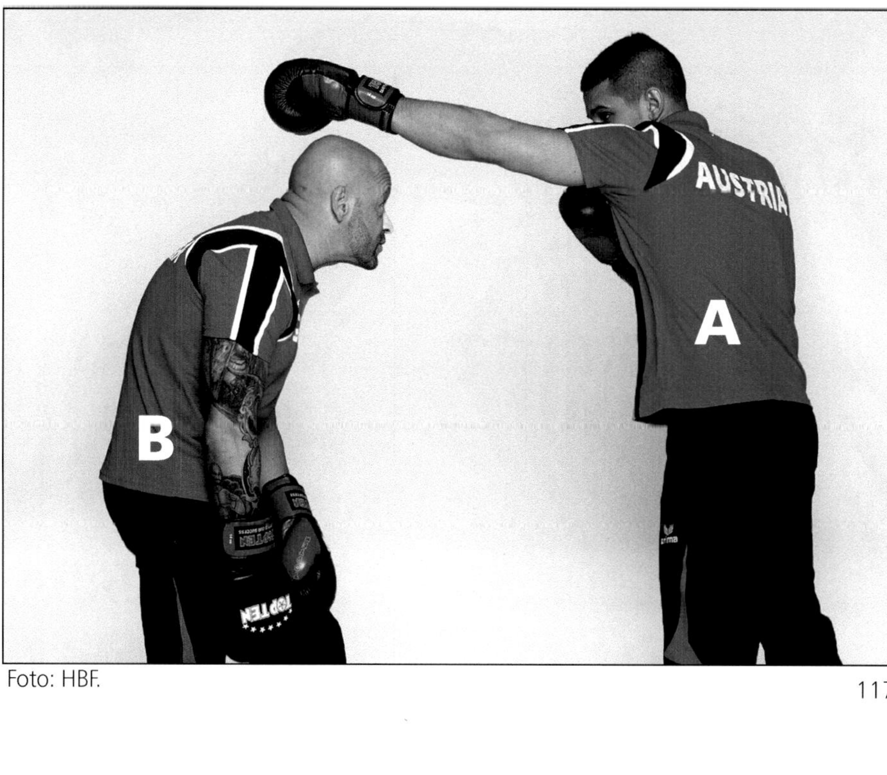

Foto: HBF.

Kreisspiel 2:

Partner A schlägt gerade Stöße zur Stirn, Partner B mit vorderem Bein im Kreis und verteidigt passiv (wie Spiel1) und auch aktiv mit Körperschlägen parallel verlaufend.

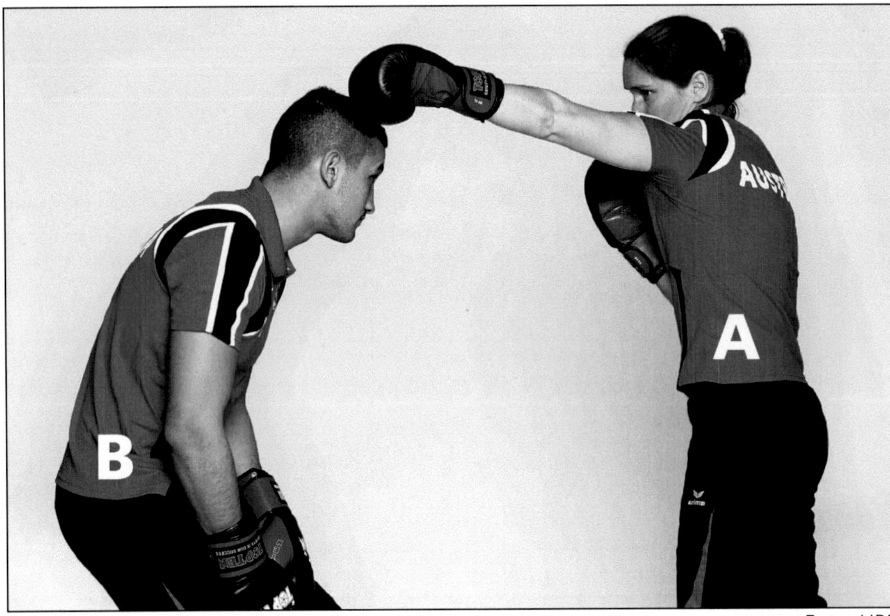

Foto: HBF.

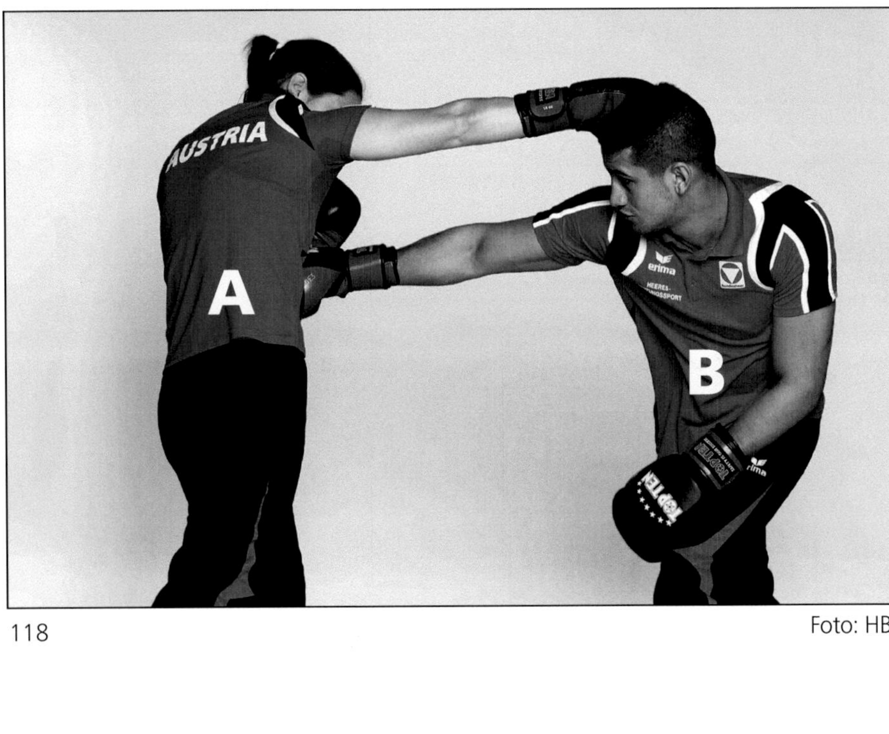

Foto: HBF.

Zombie

Partner A bewegt sich in Zeitlupe und mit ausgestreckten Armen auf Partner B zu. Dieser schlägt frontal oder mit einem Sidestep alle Grundschläge im Rahmen von Angriffs- und Verteidigungshandlungen auf Partner A .

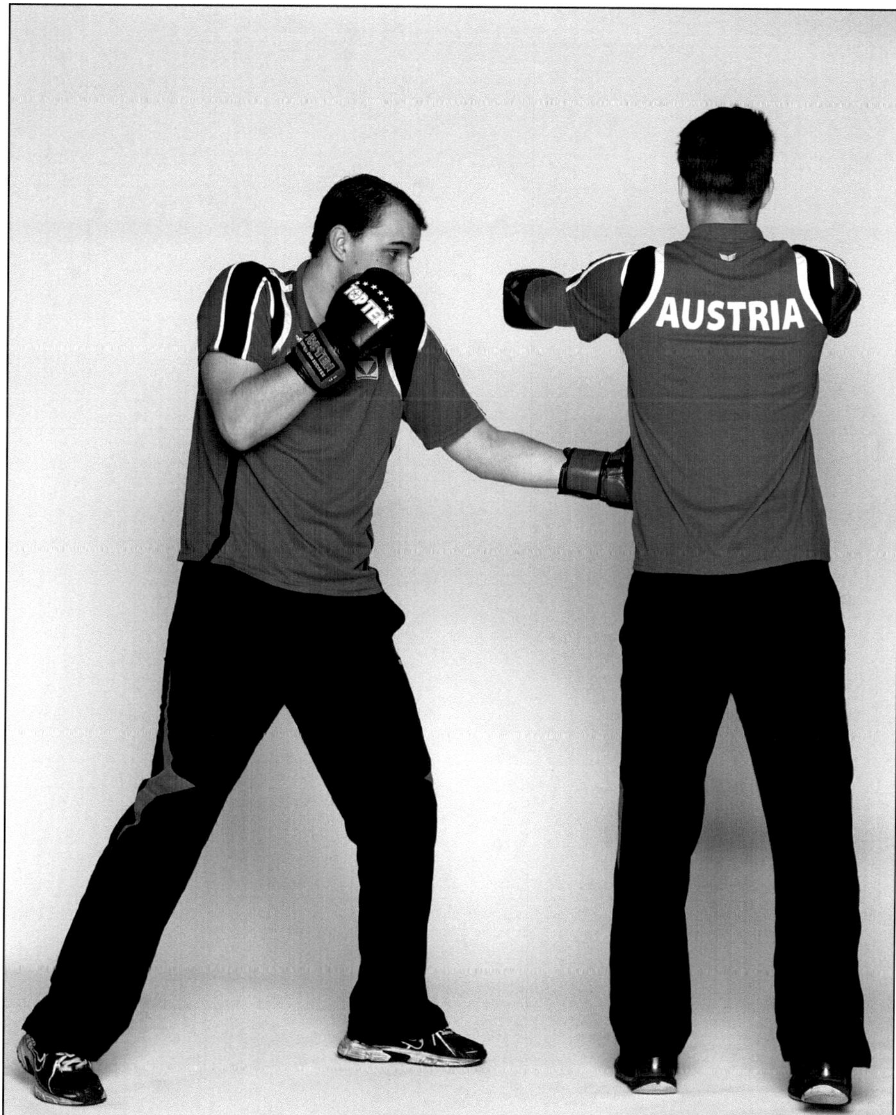

Foto: HBF.

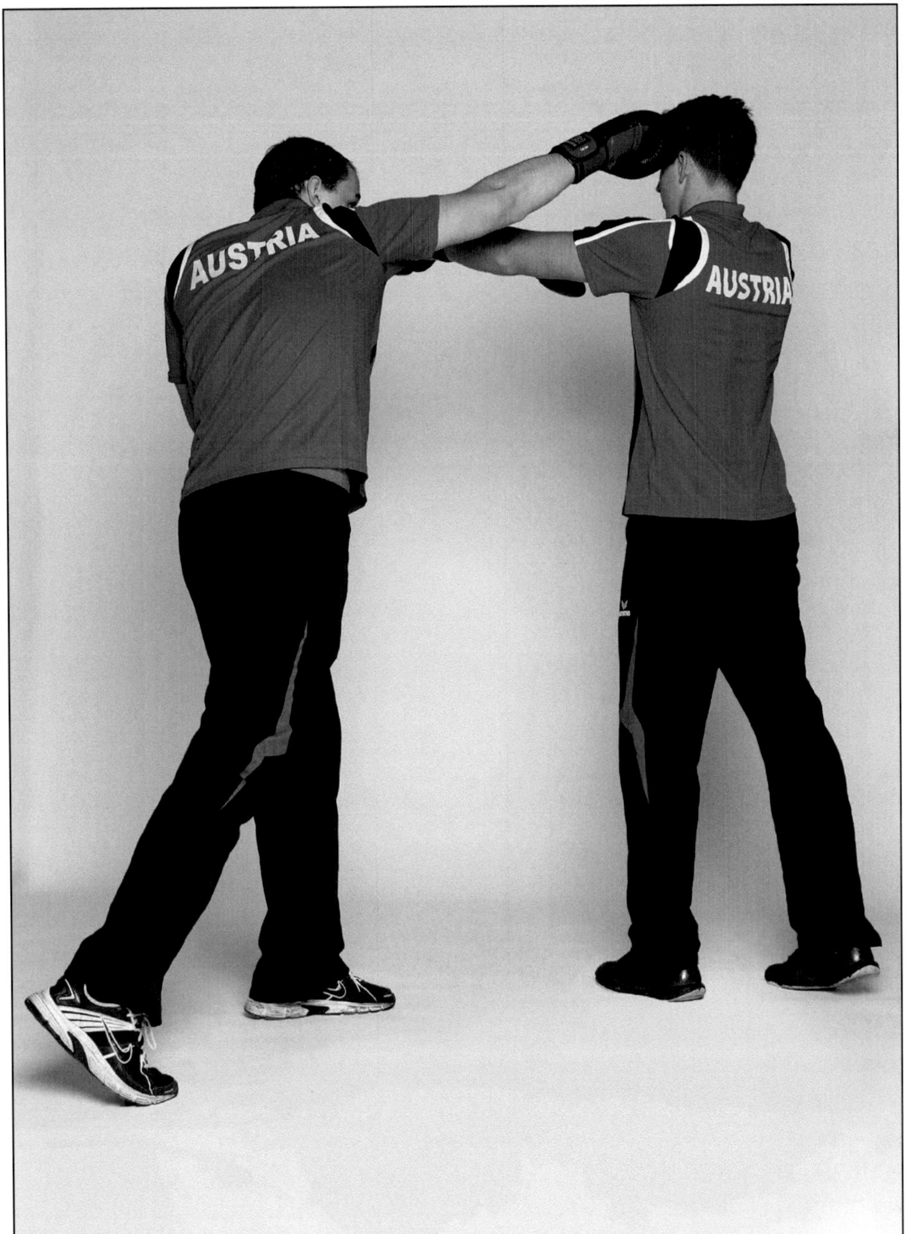

Foto: HBF.

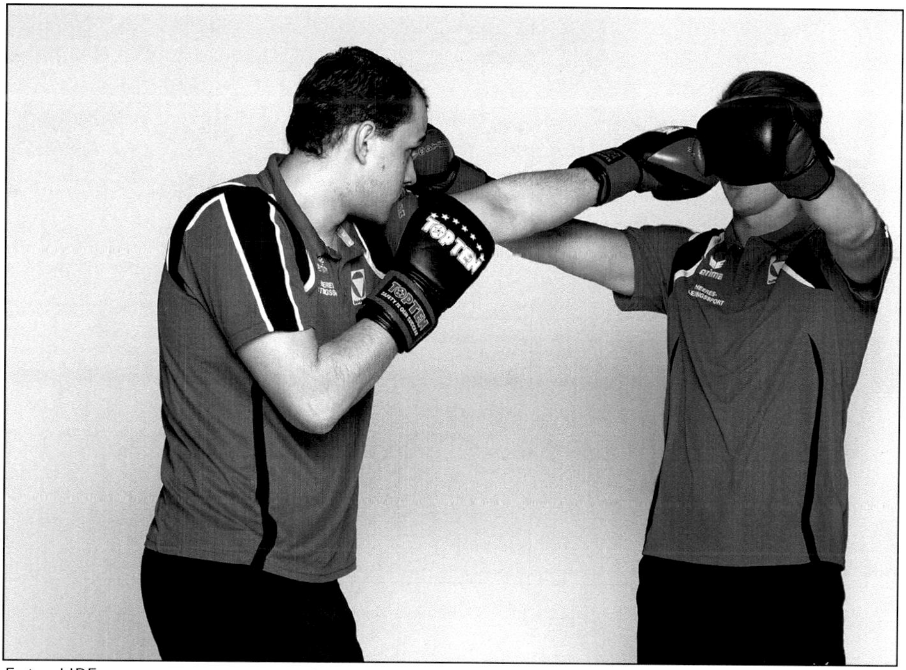

Foto: HBF.

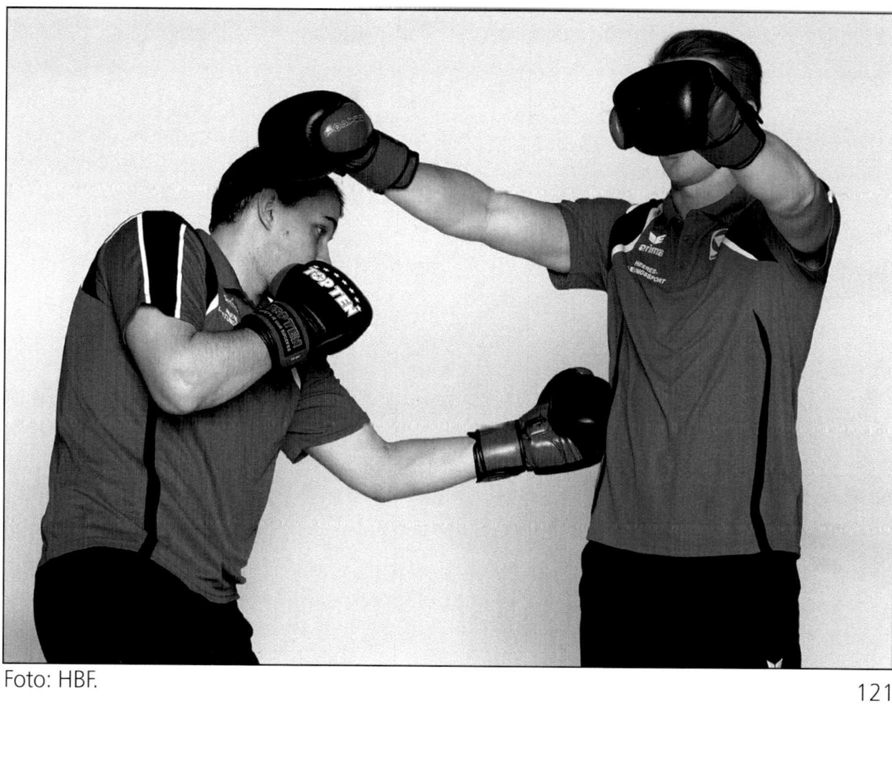

Foto: HBF.

Methodische Hinweise

Es gilt der Grundsatz, dass Bewegungsmuster grob vorgegeben werden, den individuellen Ausprägungen des einzelnen Boxers jedoch nicht entgegengewirkt wird, solange die Sportdienlichkeit gegeben ist (= differenzieller Lernansatz).
Automatisierung durch Spaß und Freude an der Bewegung, an der Herausforderung durch Partnerübungen, bedingte und freie Sparrings bis zum Wettkampf im LEICHT-KONTAKT.

Die grundsätzliche Ausbildungsreihenfolge:

- Vorzeigen im Ganzen und in Teilbewegungen
- Erlernen der Grundschläge, Beintechniken und Verteidigungen im Stand und in der Bewegung (Blockaufstellung),
- Sobald der Lernende die Aufgabe verstanden hat, soll er seine ersten praktischen Versuche durchführen, denn weitere Anweisungen des Lehrenden und Verbesserung der Bewegungsvorstellung können nur wirken, wenn sie auf den eigenen motorischen Erfahrungen des Lernenden aufbauen.
- Differenzierungsübungen
- Imitierende Partnerübungen.
- Spielformen
- Kampfsituationstraining:

Klare Aufgabenstellung einer Kampfsituation der Boxer.
Beispiel: Der Ausbilder gibt vor: Partner A nur mit geraden Einzelschlägen zu Stirn und Körper, Partner B alle passiven Verteidigungen, Gegenangriff nur durch Rückschritt und Konter mit Schlaghand zu Stirn.

Bedingtes Sparring:

Sparring mit Einschränkung, z.B. beide Boxer boxen nur mit der Führungshand.

Freies Sparring mit Wertung:

Zu Beginn im Dreierteam (2 Boxer, ein Kampfrichter im Wechsel). Dient auch dem Erlernen und Verstehen des Regelwerks.

Wettkampf:

Die Höchstform der Ausbildung. Wettkampfbestimmungen sind dem Regelwerk des MilBox zu entnehmen.

Nach jeder Trainingseinheit sollte, **auch schon zu Beginn der Ausbildung**, ein Sparringskampf kontrolliert und unter Aufsicht eines Ausbilders stattfinden!

Die Ausbildung darf sich nicht in technischen Spitzfindigkeiten verlieren.
Die Ausbildung sollte möglichst abwechslungsreich mit vielen Übungsvarianten gestaltet werden.

Spezielles Training

1. Zur **allgemeinen Erwärmung** immer Mobilisieren, Aktivieren, allgemeine und spezielle Gymnastik.

Beispielsweise:

- Grätschsprung mit Armstoßen
- Hampelmann
- Grundschläge im Standlauf
- Drehen in der Rumpfbeuge
- Globalstütz
- Mountain-Climbers
- Bocksprünge
- Schnurspringen

Spezielle Erwärmung:

- K3
- Kampfsportspiele
- Schattenboxen

2. Schnelligkeit (zu Beginn der Trainingseinheit)

Beispielsweise: 4 x (8-10 WH in 10 Sekunden mit 3' Pause) oder **Schnellkraftübungen**, beispielsweise 4 x (8 WH in 40 Sekunden mit 3' Pause)

Schnelligkeit und Schnellkraftübungen mit explosiven Einzelschlägen oder Stößen mit:

- Kurzhantel (0,5 kg-1kg), Handgranatenwurfkörper (HGrWKpr)
- Medizinball (3 kg-5kg)
- Gerätearbeit

3. Spezielle Ausdauer (am Ende der Trainingseinheit), **Schnelligkeitsausdauer (SA);** beispielsweise:

4 x (30 Sekunden Belastung: 30 Sekunden Pause in 2 Minuten mit 1' Pause) und **Schnellkraftausdauer (SKA);** beispielsweise:

4 x 2 Minuten mit 1' Pause.

SA und SKA bei der die Struktur der Boxbewegung und der Kraft/Zeit – Verlauf erhalten bleibt mit:

- Gerätearbeit
- Medizinball
- Kurzhantel oder HGrWKpr

C10

(allgemeine Kraft)

TU – 120'

Trainingsform - Stationstraining

1. Bankdrücken (60%)	10 – 15x
2. Klappmesser	20x
3. Hantelstange stoßen	10 – 15x
4. Anreißen aus Bauchlage (60%)	10 – 15x
5. Medball – Gerade	10 – 10
6. Liegestütz	20x
7. Nackenhebe (60%)	10 – 15x
8. Klimmzug	10x
9. Hockstrecksprünge	10 – 15x
10. Beugestütz	10 – 15x

Programm

20' allg. Erwärmung

5 Durchgänge pro Station – 1' Pause

Pause nach jeder Station – 5'

15' Abschluß – Intensive Dehnung und Lockerung

Stefan Haubrich – Nachwuchstrainer DBV der DDR.

Bereich	Ziel	Zusatzlasten	TU	I	II	III	BK	Pr.Nr. I/2
C 112	allg. SK	50 – 60 % WHM 20"	90' 120'	20' 20'	55' 79'	15' 21'	2	

	A.d.W.	Dauer	Pause
I. Spezielles Erwärmungsprogramm		20'	
II. Hauptteil 5 Durchgänge = 90' 7 Durchgänge = 120'		55' 79'	
Erläuterung eines Durchganges			
1. Hantelstange von der Brust nach vorn stoßen, ständig im Rhythmus wechseln	WHM	10"	1'
2. Liegestütz mit Handklatsch	WHM	10"	1'
3. Streckhang-Schwebehang an der Sprossenwand	WHM	10"	1'
4. Beugestütz am Barren	WHM	10"	1'
5. Wechselseitiges Überspringen der Turnbank im Schlußsprung seitlich	WHM	10"	1'
6. Klimmziehen	WHM	1o"	1'
III. Spezielles Lockerungs- und Dehnungsprogramm		15' 21'	

Anforderungsänderungen	methodische Hinweise
	TG: Scheibenhantel, Sprossenwand, Barren, Turnbank, Reck
	- technisch saubere Ausführung - maximale Intensität - volle Erholung nach Belastung nötig - Pausen zwischen den Durchgängen 5'

Ausbildungskatalog des DBV der DDR.

SPEZIFISCHE SCHNELLKRAFT - UTILISIEREN 20'

EXPLOSIV - KURZER KRAFT/ZEIT VERLAUF

1-JE HAND 6 X ALLE 5 " KETTLEBELL (12-20KG)PUSH

30" PAUSE

2-6 GESPRUNGENE EXPLOSIVE LIEGESTÜTZ

30" PAUSE

3-ALLE 5" JE HAND 6 X FHG UND 6 X SHG MIT MEDIZINBALL AUS 1 M ENTFERNUNG WAND

30" PAUSE

4-GERÄTEARBEIT-SANDSACK ALLE 5" JE HAND 6 X FHG UND 6 X SHG

2 MINUTEN PAUSE

1-JE HAND 6 X ALLE 5 " KETTLEBELL (12-20KG)PUSH

30" PAUSE

2-6 GESPRUNGENE EXPLOSIVE LIEGESTÜTZ

30" PAUSE

3-ALLE 5" JE HAND 6 X FH AwH UND 6 X SH AwH MIT MEDIZINBALL AUS 1 M ENTFERNUNG WAND

30" PAUSE

4-GERÄTEARBEIT-SANDSACK ALLE 5" JE HAND 6 X FH AwH UND 6 X SH AwH

2 MINUTEN PAUSE

1-JE HAND 6 X ALLE 5 " KETTLEBELL (12-20KG)PUSH

30" PAUSE

2-6 GESPRUNGENE EXPLOSIVE LIEGESTÜTZ

30" PAUSE

3-ALLE 5" JE HAND 6 X FH SwH UND 6 X SH SwH MIT MEDIZINBALL AUS 1 M ENTFERNUNG WAND

30" PAUSE

4-GERÄTEARBEIT-SANDSACK ALLE 5" JE HAND 6 X FH SwH UND 6 X SH SwH

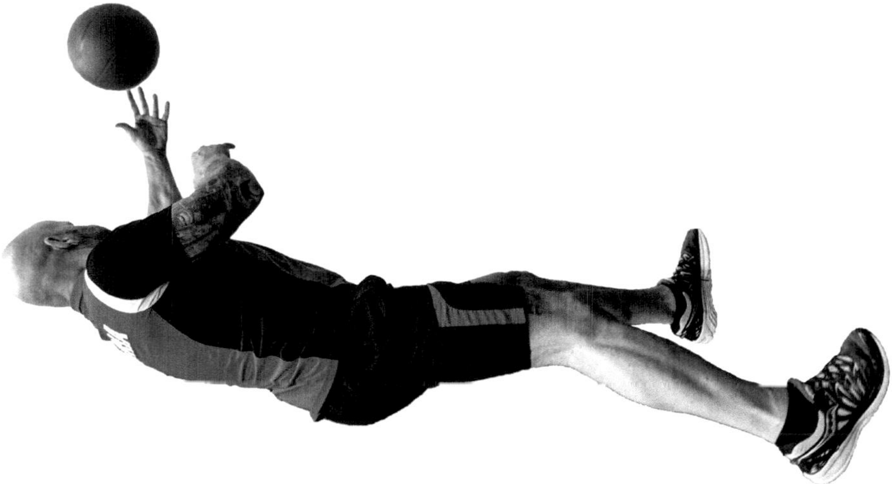

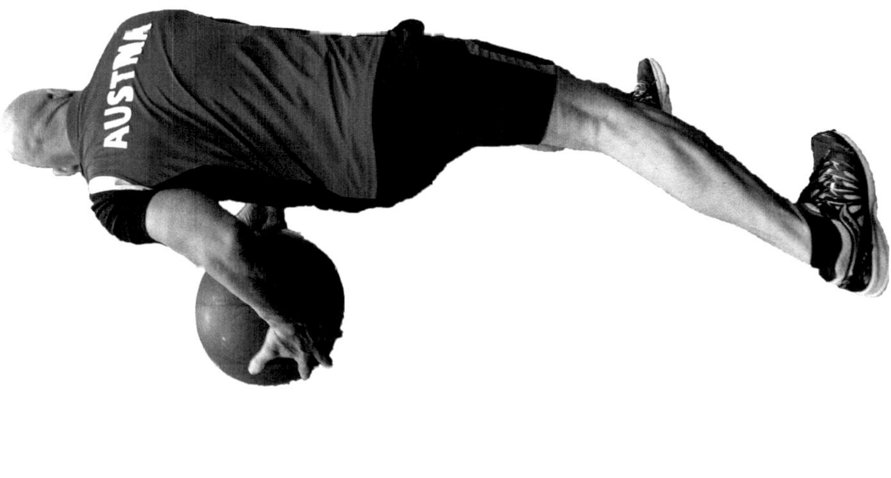

Foto: HBF.

Allgemeine Athletik - Hauptteil			Nr. HC-1013
Ausbildungsbereich C			**Dauer: 20 min**
Zielstellung der TE: Entwicklung der allgemeinen Bewegungsschnelligkeit			
Übungsfolge		Dosierung	Organisatorische-methodische Hinweise
1.	Medizinballauf		
	Reihenfolge: ▷ Sportler sitzt auf Ball 1 ▷ Lauf zu Ball 2 - draufsetzen ▷ zurück zu Ball 1 ▷ Lauf zu Ball 3 - draufsetzen ▷ zurück zu Ball 1 - draufsetzen ▷	4 - 8 WH 2 Serien 3 min Pause zwischen den Serien	▷ 3 Medizinbälle (3 bis 4 kg) werden in einem gleichseitigen Dreieck (5m Abstand) aufgestellt. ▷ Ball 1 ist der Zentralball. ▷ Von Ball 1 bis Ball 2 und zurück ist eine Wiederholung ▷ Wettbewerb möglich - Zeit stoppen 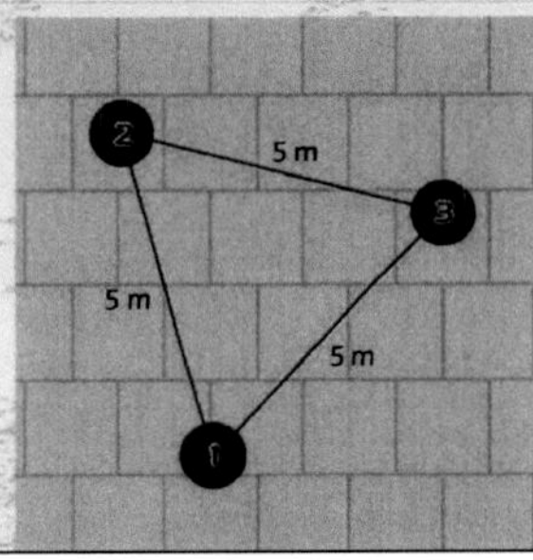

Erwärmung			Nr. EB-2011
Ausbildungsbereich B20 Boxspezifische Athletik			**Dauer: 25 min**
Übungsfolge		Dosierung	Organisatorische-methodische Hinweise
1.	Mobilisierung der Gelenke	8 min	Vorbereitung des Organismus durch gymnastische Übungen, von den Fußgelenken bis zu den Halswirbeln, im Sitzen oder
2.	Arbeit mit dem Seil und Tennisball	3 x 3 min 1 min Pause	Inhalt einer Runde ▷ 1 min Seilspringen mit variabler Beinarbeit ▷ 1 min Ballprellen beidhändig und Zuspielen des Balles ▷ 1 min Schattenboxen
3.	Therabandübung in Arbeit mit Partner	6 min	Steigerung der Schlagschnelligkeit durch Entlastung
	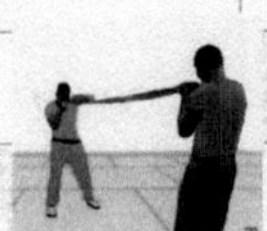	6 sec	Entlastung mit Theraband bei hoher Schlaggeschwindigkeit Therabandspannung moderat
		90 sec	Aktive Erholung mit Schattenboxen (moderates Tempo für Pulsberuhigung)
4.	Punkt 3 Wiederholen	3 - 4 x	Pkt. 3 davon 4 Durchgänge

Lehrbuch "Anleitung für die Gestaltung von Trainingseinheiten – Boxschmiede – Angrick Ale & Josef Pühringer.

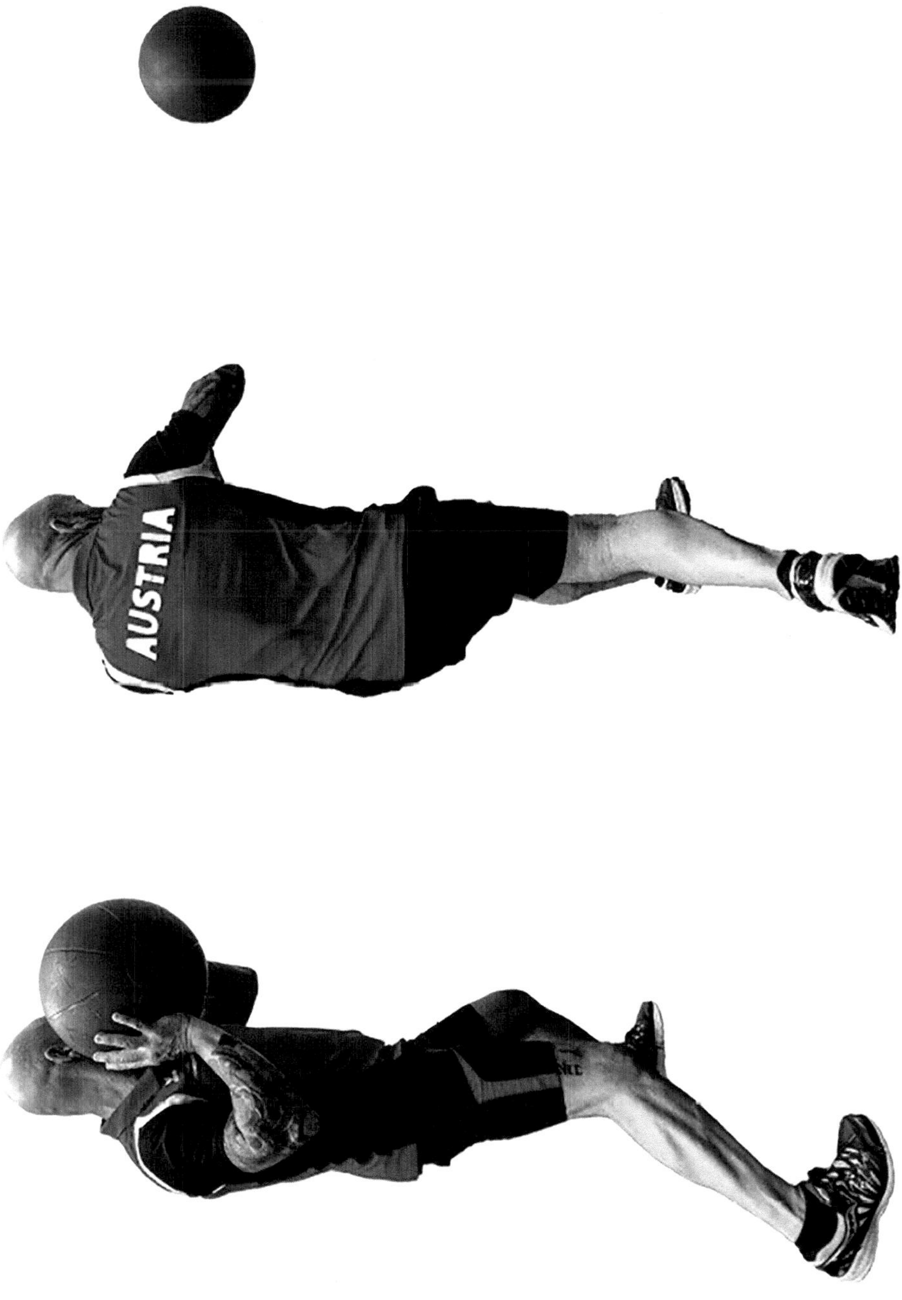

Foto: HBF.

Bereich	Ziel	Zusatzlasten	TU	I	II	III	BK	Pr.Nr. II/4
	viels.-zielger. KA	2 - 4 kg Medizinball	90' 120'	23' 23'	47' 74'	20' 23'	1 2	

	A.d.W.	Dauer	Pause
I. Spezielles Erwärmungsprogramm		23' 23'	
II. Hauptteil 3 Durchgänge = 90' 4 Durchgänge = 120'		47' 74'	
Erläuterung des Durchganges			
1. Gerade Stöße zur Wand rechts	max.	30"	
2. Gerade Stöße zur Wand links	max.	30"	
3. Schleudern an die Wand rechts (ähnl. AWH)	max.	30"	
4. Schleudern an die Wand links (ähnl. AWH)	max.	30"	
5. Schleudern an die Wand rechts (ähnl. SWH)	max.	30"	
6. Schleudern an die Wand links (ähnl. SWH)	max.	30"	1'
III. Spezielles Lockerungs- und Dehnungsprogramm		20' 23'	

Anforderungsänderungen	methodische Hinweise
	TG: 2 - 4 kg Medizinball Kreis-
	- [geschwärzt]training - ein Arbeitsintervall beträgt 3' - ein Durchgang 11' (3 x 3') - Pause nach jedem Durchgang 7' (mit entsprechendem Lockerungsprogrammen) - bei 4 Durchgängen 10' nach jedem Durchgang

Ausbildungskatalog des DBV der DDR.

B 22
(Handhanteln)

1. 10x FHG UND SHG mit Hanteln explosiv Schlagen
   10x FHG UND SHG ohne Hanteln explosiv schlagen,
   10x explosive Liegestütz

2. 10x FHAH UND SHAH mit Hanteln explosiv Schlagen
   10x FHAH UND SHAH ohne Hanteln explosiv schlagen,
   10x explosive Liegestütz

3. 10x FHKH UND SHKH mit Hantel explosiv Schlagen
   10x FHKH UND SHKH ohne Hantel explosiv schlagen,
   10x explosive Liegestütz

Nach jeder Runde 1' Pause

Die Rundenzahl kann je nach Trainingsabschnitt variiert werden

Das gleiche Programm kann auch mit Medizinbällen absolviert werden.

B 21
(Medizinball)

Rundenverlauf
0 - 40" 6x FHG und SHG explosiv an die Wand – Pause
41 - 80" 6x FHAH und SHAH explosiv an die Wand – Pause
81 -120" 6x FHKH und SHKH explosiv an die Wand

1' Pause

Die Anzahl der Runden sollte 1x die Wettkampfzeit (4 x 2') oder ein Mehrfaches der Wettkampfzeit betragen.

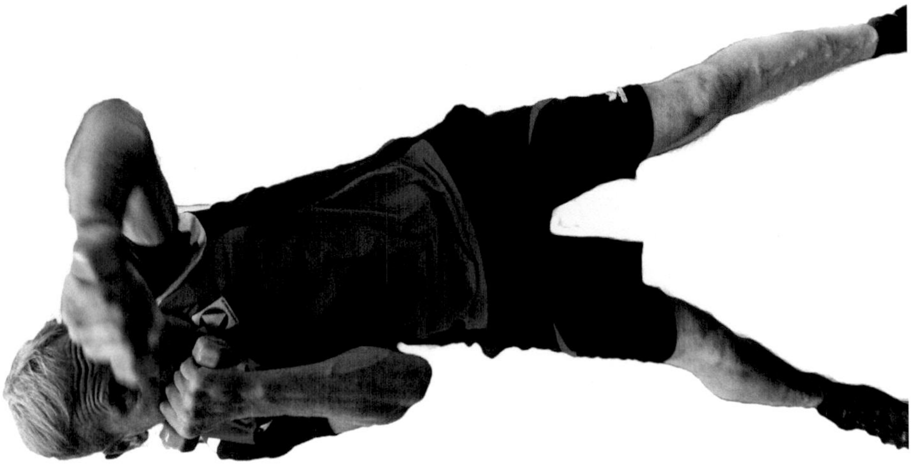

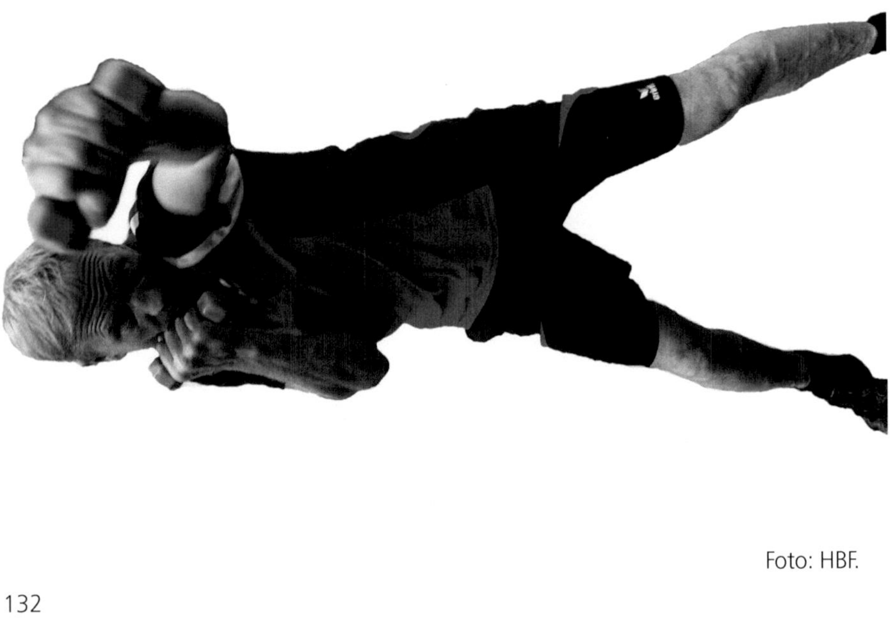

Foto: HBF.

Ausbildungsthema Schnelligkeitsausdauer (am Ende)

Ausbildungszeit: 45 Minuten — Ausbildungsort:
Ausbildungsmittel: Sandsack, Sprungschnur
Ausbildungsstand:

Ausbildungsstärke: — Ausbildungspersonal:

5 min: Allgemeines Aufwärmen
einlaufen mobilisieren der Extremitäten
mobilisieren allgemein (von unten nach oben)

10 min: Spezielles Aufwärmen
2 x 2 min, 1 x 1 min Schattenboxen (30 sec Pause)
1 x 2 min alle Grundschläge als Einzelschläge
1 x 2 min Grundschläge Schlagverbindung
1 x 1 min Schlagverbindung explosiv

20 min Schnelligkeitsausdauer am Sandsack
4 x 30 sec Belastung/30 Pause/30 sec Belastung/30 Pause im Wechsel 1 min Pause gesamt nach Durchgang
30/30/30/30/1 FHG SHG explosiv durchgehend (Verbindung)
30/30/30/30/1 FHG SHG SwH FH SwH SH (Kombination)
30/30/30/30/1 SwH FH SwH SH AH FH AH SH (Kombination)
30/30/30/30/1 FHG SHG Rückschritt SH G FH G

10 min Abwärmen
2 x 2 (1) min lockeres Schnurspringen
Lockeres Auslaufen

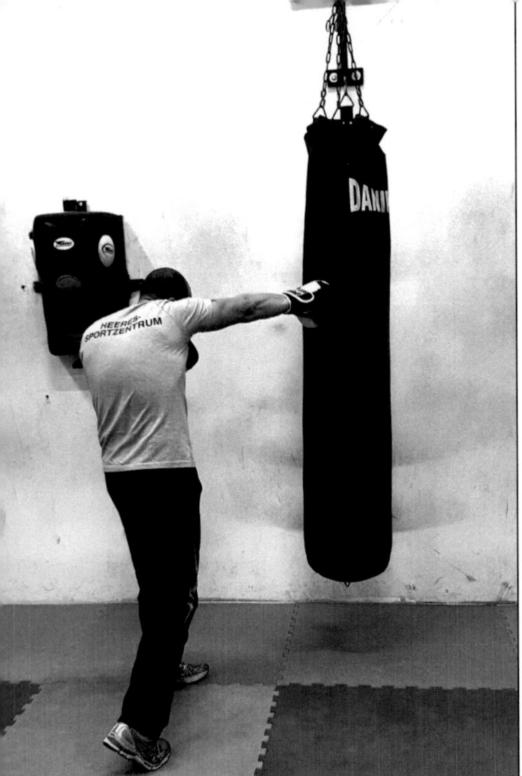

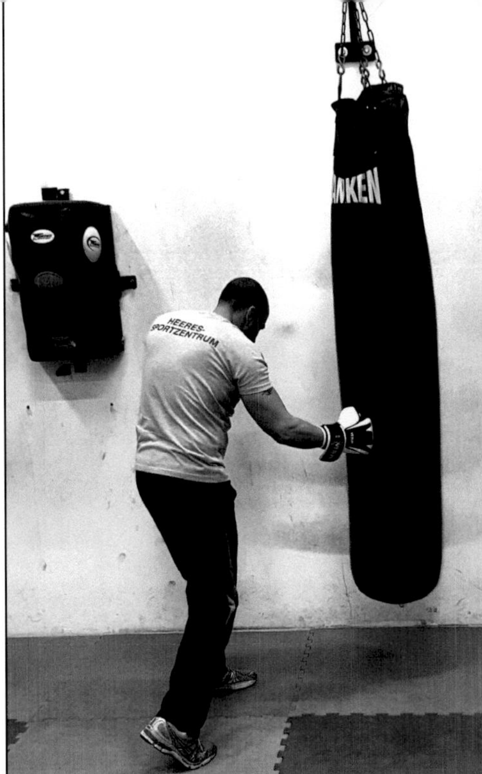

Fotos: Pelikan.

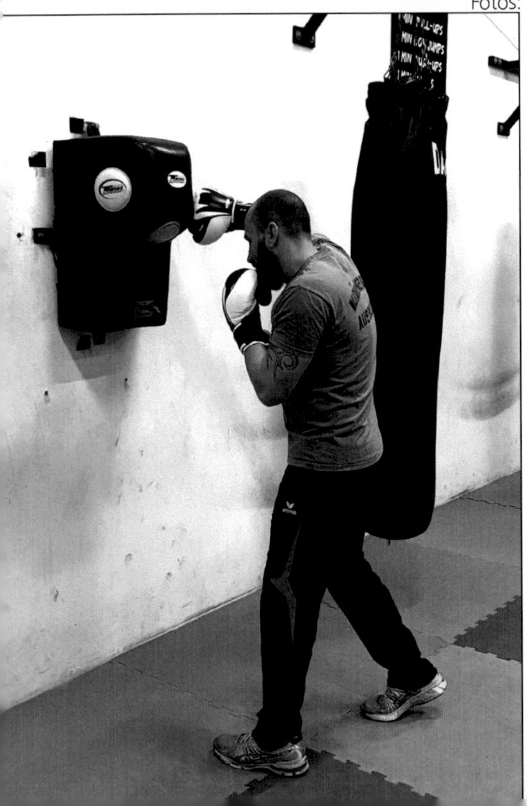

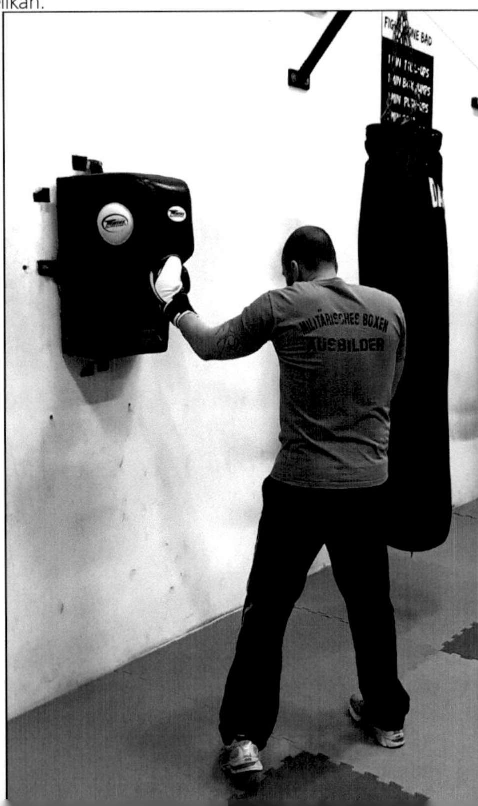

4. Allgemeines Krafttraining (am Ende einer Trainingseinheit)
in der Dauer von 20 Minuten mit funktionellen Übungen im Bereich der Kraftausdauer und der zielgerichteten Schnellkraft wie beispielsweise:

- Klimmzug
- Liegestütz
- Thrusters
- Burpees
- Kettlebell-Übungen

5. Allgemeine Ausdauer
Grundlagenausdauer mit alllg. Trainingsmittel (Laufen, Schwimmen, Radfahren...) mit Dauerläufen, Tempowechselläufen, Kurzintervallen 3 x 12 x 100 m, oder mit speziellen Trainingsmittel, wie Springschnur oder Schattenboxen als eigene Trainingseinheit in der Eigenverantwortung!
Spezifische Wettkampfausdauer
2 x 5 x 400 m in 60 Sekunden – Pause bis Herzfrequenz (HF) unter 130 – Serienpause 8-10 Minuten.

Wettkampfnahes Training

Bei Pratze und Sparring KEINE Schlaghärte!

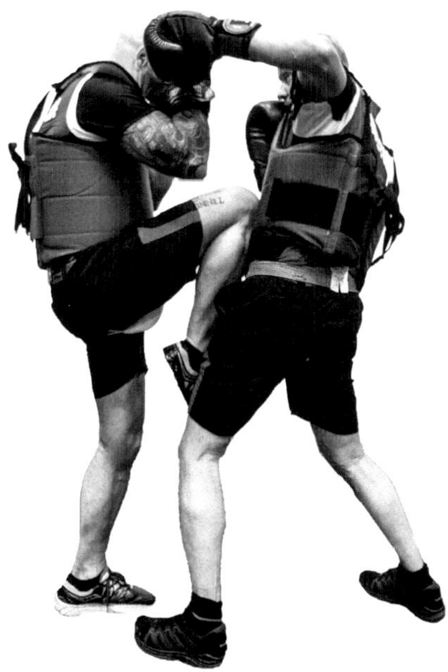

Foto: HBF.

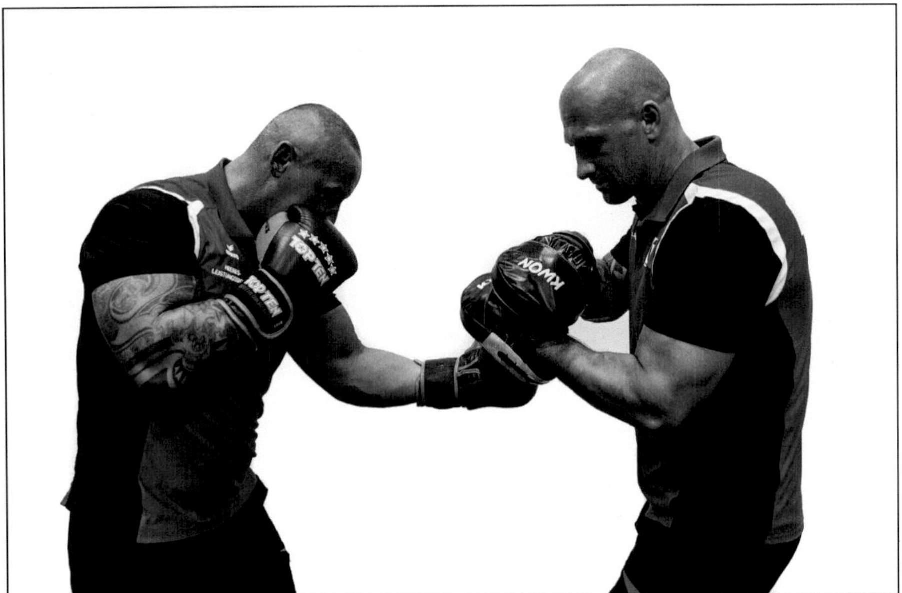

Foto: HBF.

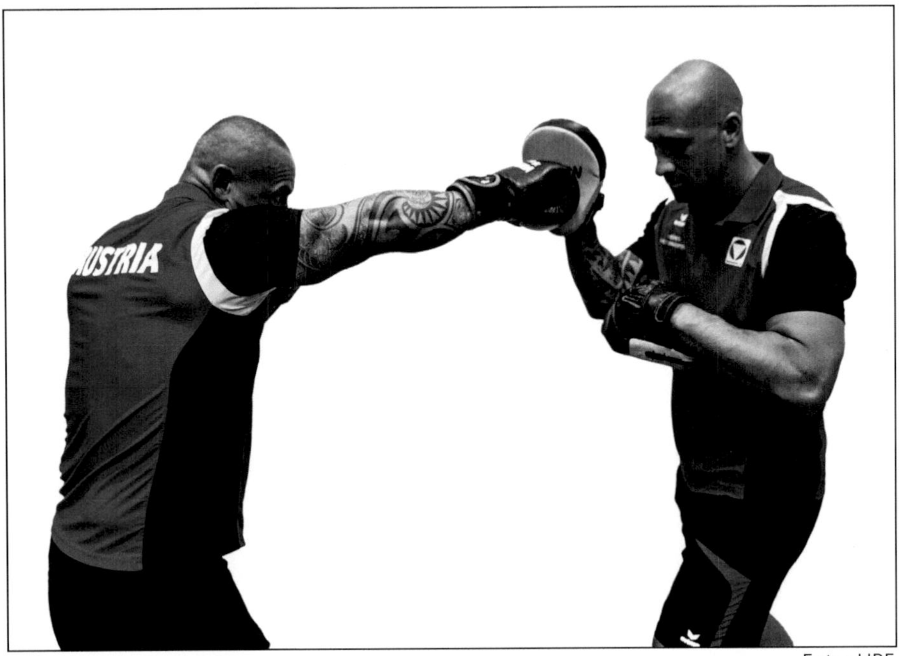

Foto: HBF.

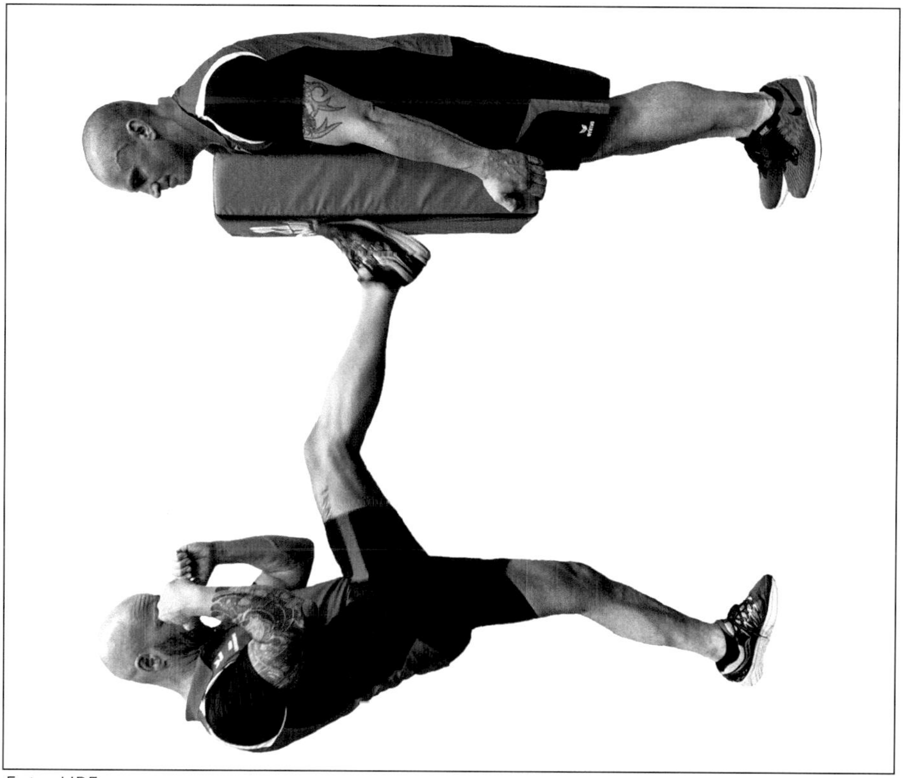

Foto: HBF.

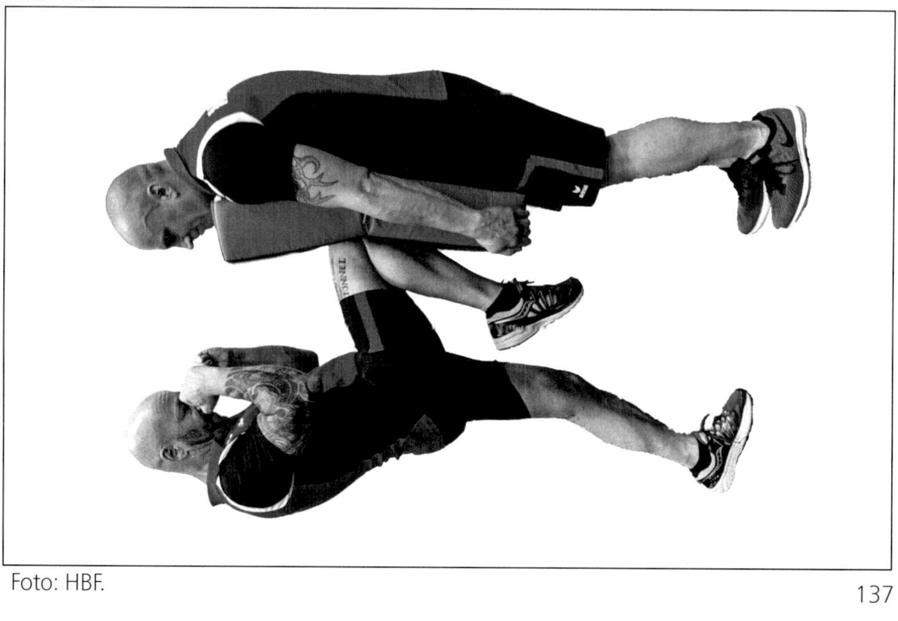

Foto: HBF.

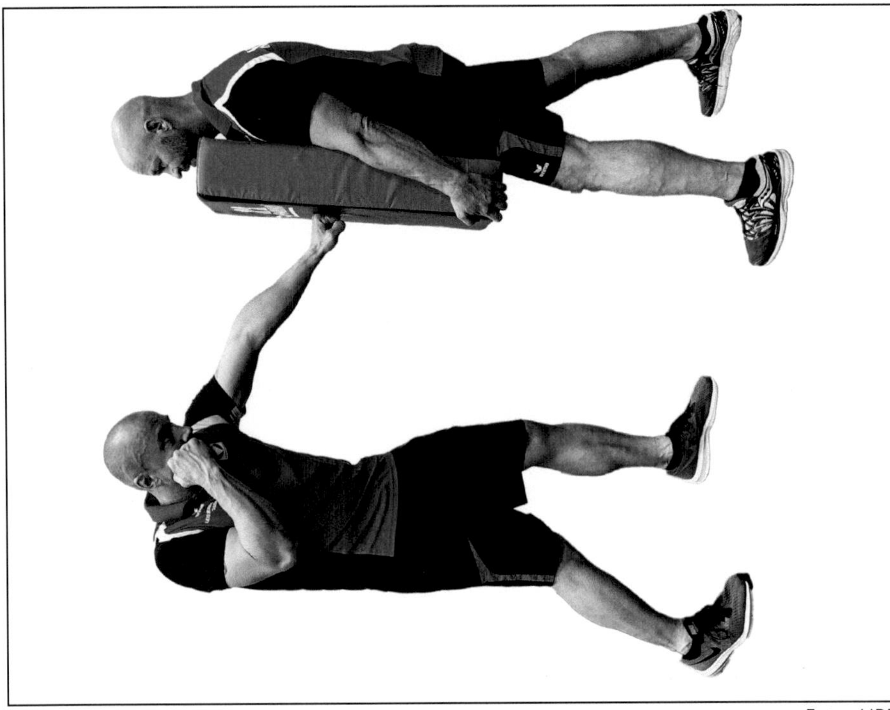

Foto: HBF.

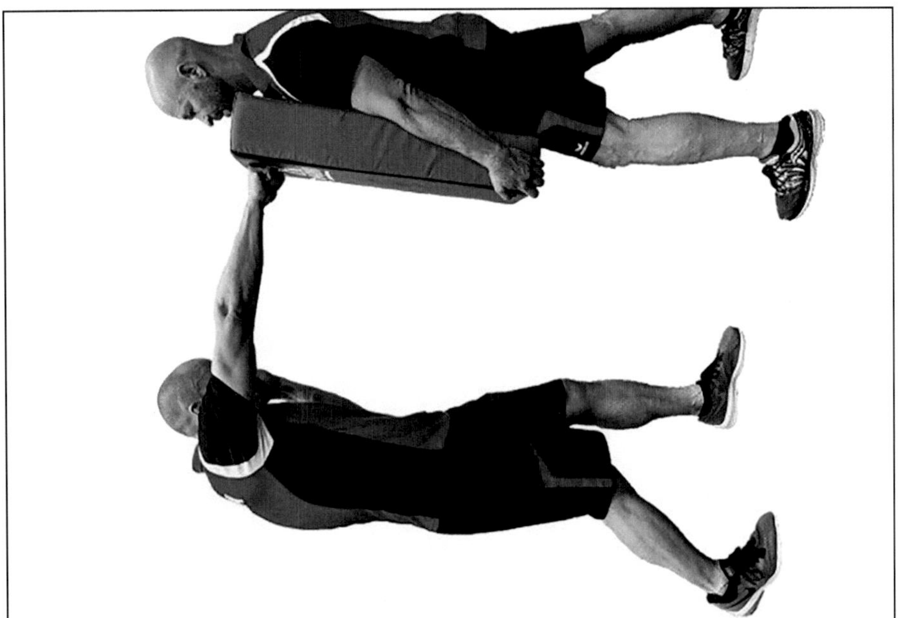

Foto: HBF.

Wettkampfnahes Training

Sparring nur mit Schutzausrüstung!

3. Militärisches Boxen

Das Militärische Boxen ergänzt, wie zuvor angesprochen, das Techniktraining der Selbstverteidigung um den Aspekt der reellen Auseinandersetzung. Dem **KAMPF**.

Kämpfen beginnt im Kopf!

Ohne diese Erkenntnis und Einsicht ist der Kampf schon verloren ehe er begonnen hat. Voraussetzung, damit Techniken im Kampf angewendet werden können, ist das Wissen auf welche Art und Weise der eigene Körper unter Stress reagiert. Erst mit dieser Erfahrung ist es möglich Strategien zu entwickeln, um in Stresssituationen weiter agieren zu können.

Jedem muss von vorne herein klar sein, dass der Kampf immer bedeutet, mit hoher Wahrscheinlichkeit getroffen oder sogar verletzt zu werden. Ohne diese Erfahrung im Training gemacht zu haben, steht der Kampf unter der sehr großen Gefahr schon verloren zu sein.

Ein sehr gutes Mittel um diese Erfahrung in einer „geschützten Trainingssituation" darzustellen, ist das Sparring. Beim Sparring können mit stark reduzierten Techniken und mit klaren Vorgaben und Regeln, Situationen gestellt werden in denen es zum (kontrollierten) Kampf kommt (bedingtes Sparring). Diese Vorgaben und Regeln ermöglichen es sogar mit Anfängern diese Trainingsform leistungsadäquat zu gestalten und zu entwickeln. Und genau hier liegt der entscheidende Punkt. Das Sparring muss eine durch den Trainer angeleitete und kontrollierte Situation sein. Durch ein unkontrolliertes Sparring besteht die große Gefahr das Schläge zu hart und unkontrolliert durchgeführt werden. Dies kann nicht nur zu Verletzungen führen, sondern vor allem auch zu ungewolltem Angst- oder Meidungsverhalten! Ein „freies" Sparring ist nur durch den fortgeschrittenen Kämpfer zu führen, und selbst dann gibt es ein Mindestmaß an Regeln, um Verletzungen und negative psychologische Folgen zu vermeiden.

Auszug Ausbildungshilfe zum Fachsportleiter/-in Selbstverteidigung Sportschule der Bundeswehr (DSpWiss Oliver Rodens).

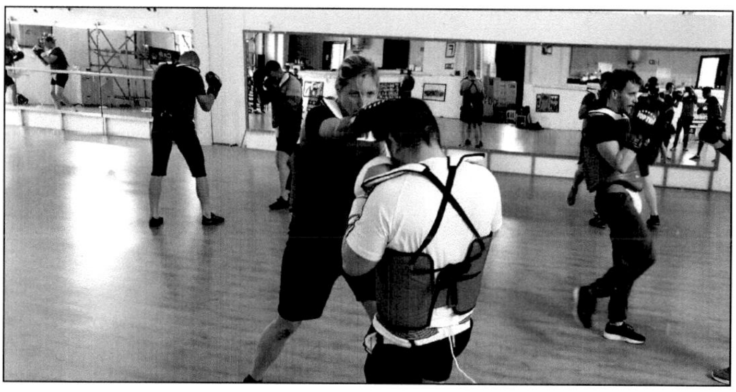

Foto: Pelikan.

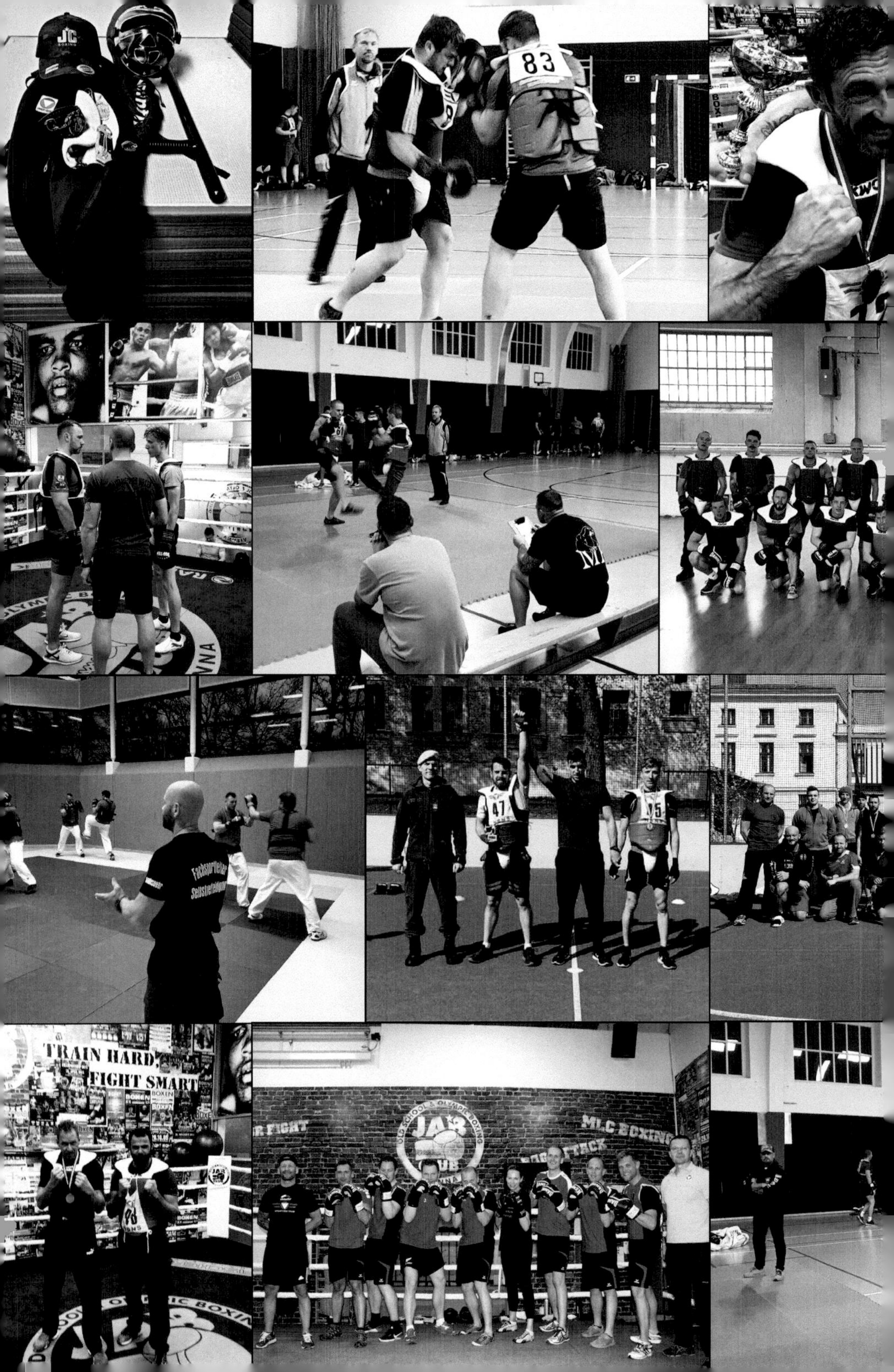
83
TRAIN HARD,
FIGHT SMART
OLD SCHOOL & OLYMPIC BOXING
JAB
MLC BOXING

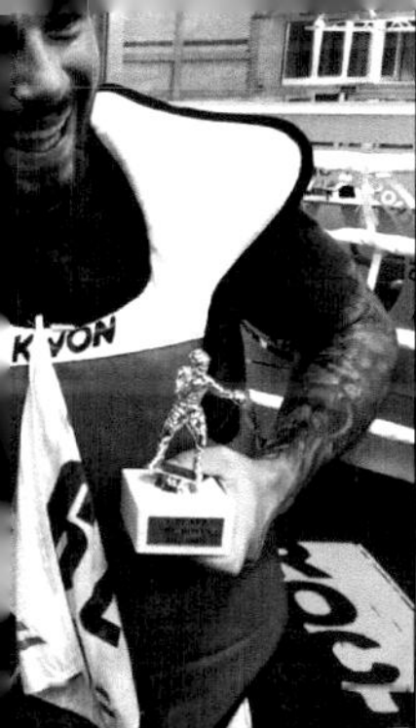
KWON
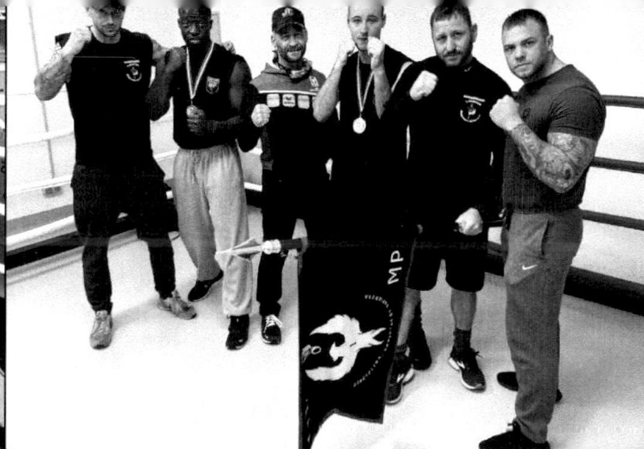
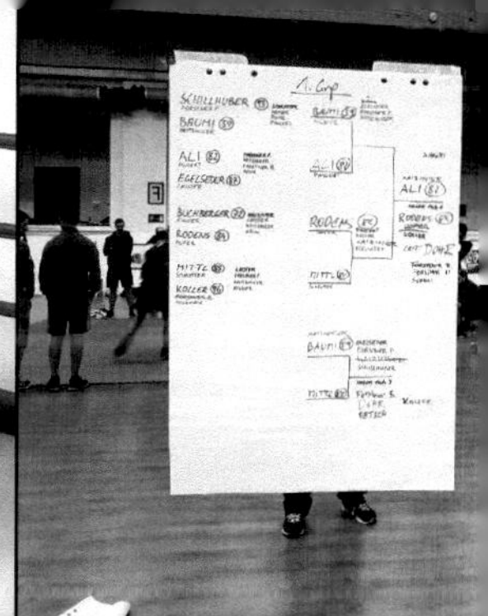
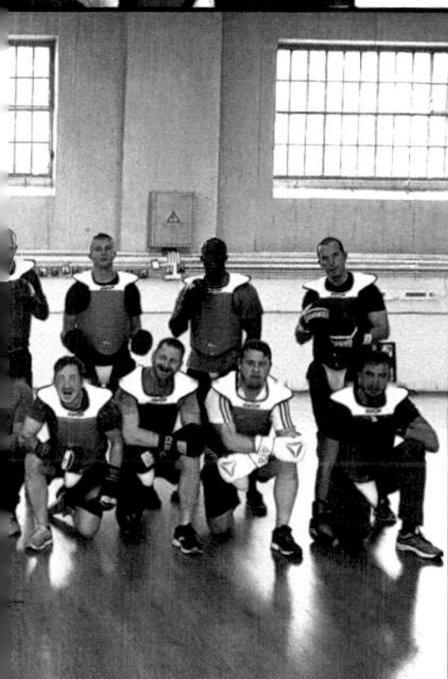
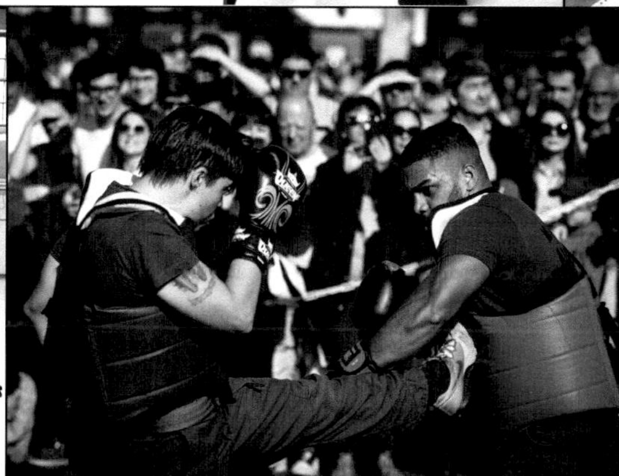
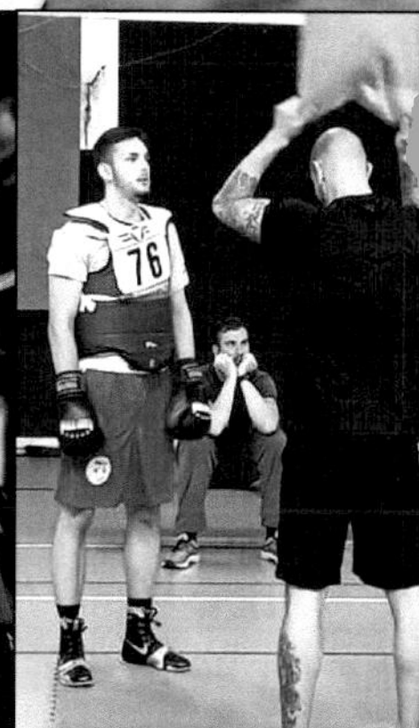
76
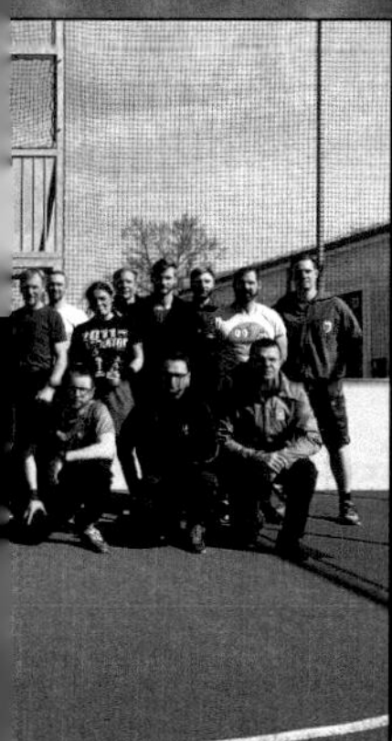
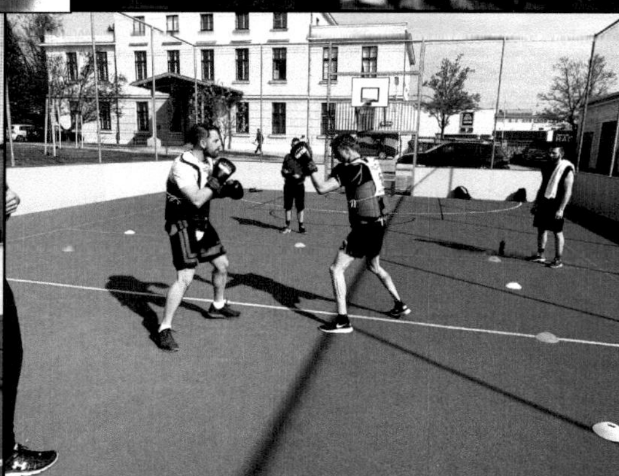
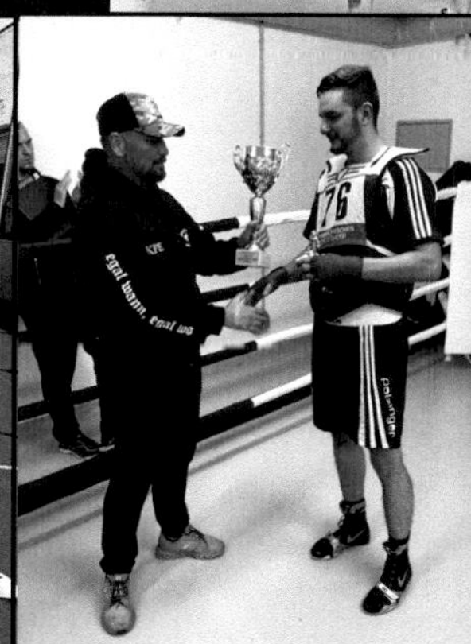
76
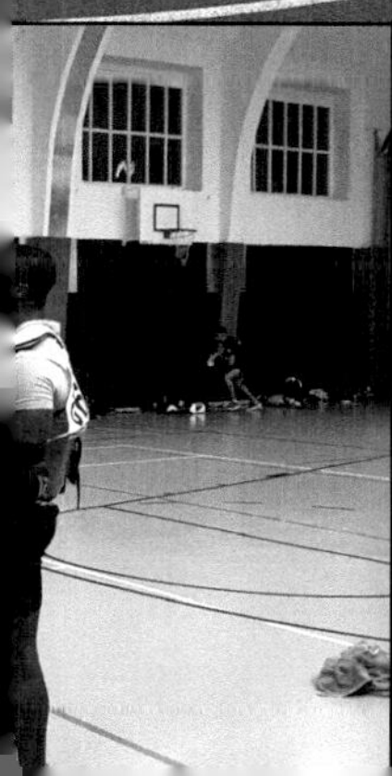
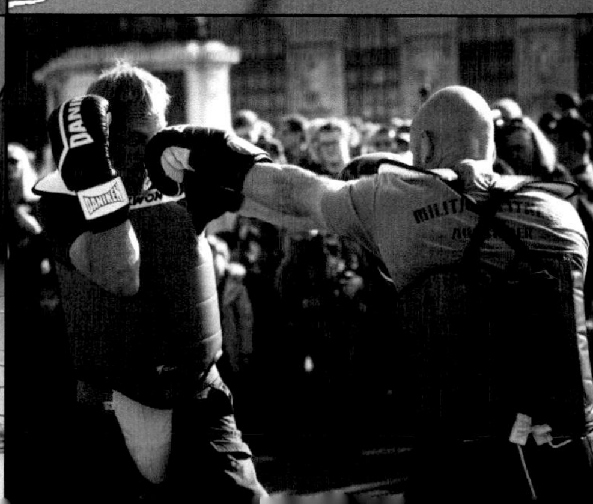
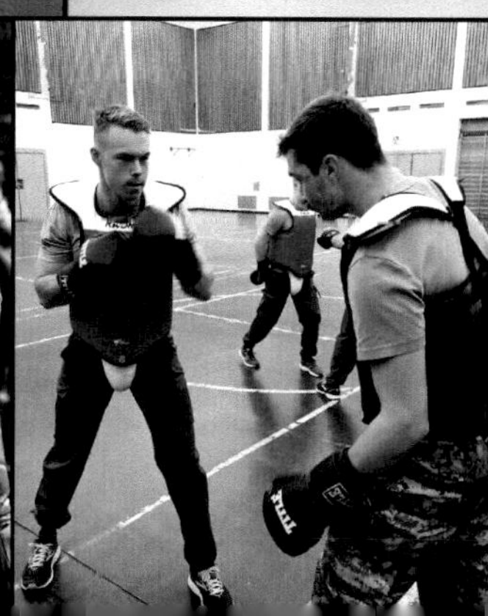

Wettkampfbestimmungen

Art. 1 Grundsätze	124
Art. 2 Infrastruktur	125
Art. 3 Sicherheit	125
Art. 4 Kampf-Leitung – Aufgaben des Ringrichters	125
Art. 5 Wertung – Aufgaben der Punktrichter	126
Beilage: Wertungsblatt MilBox	128

Art. 1 Grundsätze

1.1. Schlaghärte

MilBox unterscheidet sich vom Olympischen Boxen und vom Profiboxen dadurch, dass die Kontrahenten die Schläge nie mit Kraft ausführen. Falls doch einer oder mehrere Schläge hart geschlagen werden, führt dies zu einer Verwarnung, respektive zur Disqualifikation des Schlagenden. Die Geschwindigkeit der Schläge ist nicht festgelegt.

1.2. Vis-à-Vis

Während des ganzen Kampfes müssen sich die Wettkämpfer von Angesicht zu Angesicht bewegen. Ein Wettkämpfer, der dem Gegner den Rücken zuwendet oder den Kopf senkt (Gesicht zum Boden), wird unmittelbar ermahnt.

1.3. Dauer des Kampfes

Die Kämpfe gehen jeweils über drei Runden. Jede Runde hat eine Dauer von zwei Minuten, die Pause dazwischen beträgt eine Minute .

Die Rundenzeit wird bei „STOPP" nicht angehalten, außer auf speziellen Wunsch des Ringrichters.

1.3.1. Rundenpause

Die Rundenpause beträgt eine Minute. Während den Pausen bleiben beide Wettkämpfer in der Ringecke, die Gesichter zur Ringmitte gerichtet, stehen. Ein Betreuer darf den Ring während der Pause betreten . Er darf nur in der Pause, nicht aber während den Runden Anweisungen geben. Bei Zuwiderhandeln hat der Ringrichter dies zu sanktionieren.

1.4. Kategorien

Die Kategorien werden nach Körpergröße unterteilt. In der Regel finden folgende Größenklassen statt: Bis 145 cm; danach im 5 cm Schritten bis 190 cm; alles über 190 cm wird in einer Klasse zusammengeführt.

Bei zu wenigen Wettkämpfern können max. zwei Größenklassen zusammengefasst werden. Beträgt die Differenz der Körperlänge mehr als zehn Zentimeter, ist lediglich ein Sparring ohne Wertung möglich.

Weibliche und männliche Wettkämpfer dürfen gegeneinander boxen.

1.5. Erlaubte Treffer

Nur Treffer, die mit der geschlossenen Hand und dem Knöchelbereich ausgeführt wurden, werden gezählt. Als Ziele gelten die Stirn und die vordere Körperhälfte von der Brust bis zur Gürtellinie. Beim Aufwärtshaken, dem Vorwärtsfußstoß und dem Kniestoß gelten als Treffer nur die vordere Körperhälfte, von der Brust bis zur Gürtellinie.

1.6. Strafpunkte/Disqualifikation

Treffer auf Hinterkopf, Nase, Mund, Kinn, Hals und Tiefschläge werden mit Strafpunkten bis zur Disqualifikation geahndet.

Art. 2 Infrastruktur

2.1. Ring

Der Wettkampfort ist ein Quadrat von vier bis sechs Meter Seitenlänge, idealerweise merkbar abgegrenzt .

Es dürfen sich keine Objekte und Kanten in Reichweite des Ringes befinden, welche die Boxer verletzen könnten.

2.2. Wettkampf-Ausrüstung

Die Ausrüstung besteht aus:

Boxhandschuhe von mindestens 12 Unzen (Handschuhe der Kontrahenten müssen gleiches Gewichthaben);

stabile Sportschuhe;

Wettkämpfer müssen eine Trittschutzweste und einen Tiefschutz tragen;

Die Wettkämpfer dürfen auch Bandagen, Helm und Zahnschutz tragen.

Art. 3 Sicherheit

3.1. Ausbildungs- und Betreuungsvoraussetzungen

Die Betreuung der Boxer bei MilBox-Wettkämpfen darf ausschließlich durch Personal mit Mindestqualifikation Übungsleiter Militärisches Boxen erfolgen.

3.2. Ausbildung der Wettkämpfer

Die Ausbildung in der Sportart MilBox darf ausschließlich durch zumindest Übungsleiter Militärisches Boxen erfolgen. Dies garantiert, dass die Boxer die Grundlagen, sowie die Regeln des MilBox kennen und auch unter Druck ohne Härte schlagen können.

3.3. Sanitätsdienstliche Versorgung

Vor Wettkämpfen muss die zuständige San-Einrichtung informiert werden; während den Wettkämpfen muss sie besetzt und erreichbar sein.

3.4. Körperliche Zulassungskriterien

Startberechtigt bei Wettkämpfen sind ausschließlich Soldaten mit zumindest durchschnittlicher Leistungsfähigkeit (gültige Leistungsprüfung allgemeine Kondition – LPrAKond).

Art. 4 Kampf-Leitung – Aufgaben des Ringrichters

4.1. Anforderungen an die Jury

Die Jury besteht aus fünf Personen (ein Zeitnehmer, ein Ringrichter und drei Punktrichter). Sie alle beherrschen die Regeln des Militärischen Boxens (ausgenommen dem Zeitnehmer).

4.2. Funktion und Aufgaben des Ringrichters

Er leitet den Wettkampf im Ring und ist zuständig für die Einhaltung der Wettkampfbestimmungen. Er zählt keine Punkte.

4.2.1. Vor dem Wettkampf

betritt er den Ring als Erster und kontrolliert die Ausrüstung der Wettkämpfer;
fordert er die Wettkämpfer auf, sich die Hände zu geben („Shake-Hands");
vergewissert er sich davon, dass Punktrichter, Zeitnehmer und Wettkämpfer bereit sind.

4.2.2. Während des Wettkampfs

Während des Wettkampfs greift er bei Regelverletzungen ein, insbesondere:
wenn zu hart geschlagen wird oder die Absicht dazu besteht;
beim Schlagen mit einer unerlaubten Fläche des Handschuhs;
wenn der Kopf gesenkt wird (Gesicht zum Boden) oder wenn ein Teilnehmender dem Gegner den Rücken zudreht;
wenn eine falsche Trefferfläche getroffen, der Gegner gehalten oder gestoßen wird;
wenn der Gegner unkontrolliert und ohne Deckung angegriffen wird;
wenn während des Boxens gesprochen wird und bei jedem unsportlichen Verhalten.

4.2.3. Nach dem Wettkampf

sammelt er die Punktezettel der Punktrichter ein und kontrolliert sie;
gibt den Sieger bekannt und fordert die Wettkämpfer zum „Shake-Hands" auf.

4.2.4. Kommandos des Ringrichters

„STOPP" verlangt sofortiges Anhalten beider Wettkämpfer bei:
einem Fehler eines Wettkämpfers um ihn zu ermahnen/verwarnen;
Ertönen eines Signals, um das Ende der Runde zu setzen;
Auftauchen eines Problems, das den normalen Ablauf des Kampfes behindert (offene Schuhe oder Helm, rutschiger Boden etc.);
„BOX" erlaubt den Wettkämpfern die Runde zu beginnen oder die Auseinandersetzung nach einem „STOPP" wieder fortzusetzen.

4.3. Abbruch wegen Verletzung

Sollte ein Wettkämpfer sich verletzen oder bluten, entscheidet der Ringrichter, ob er den Kampf abbricht. Das Resultat wird entsprechend den bisher erzielten Punkten gefällt.

Art. 5 Wertung – Aufgaben der Punktrichter

5 .1. Grundsatz der Wertung – der Schlagwechsel

Ein Duell ist eine Abfolge von Phasen der Vorbereitung und von Phasen des Schlagwechsels.
Ein Schlagwechsel beginnt, sobald ein regelkonformer Treffer die erlaubte Zielzone berührt und er endet, wenn die Schlagkombination zu Ende ist oder wenn die

Wettkämpfer auseinandergehen, sei es von sich aus oder durch den Ringrichter bedingt (auf ein „STOPP").

Jeder Schlagwechsel wird jenem Wettkämpfer zugesprochen, der mehr trifft. Die Anzahl der Treffer und die Dauer des Schlagwechsels ändern den Wert der erhaltenen Punkte nicht, alle Schlagwechsel haben den gleichen Wert. Ob es sich um einen Treffer oder eine Verbindung von mehreren Treffern handelt, der bessere Wettkämpfer erhält jedes Mal genau einen Schlagwechsel (= 1 Pkt) zugesprochen. Der Punktrichter notiert seine Entscheidung sofort nach dem Ende jedes Schlagwechsels .

5.2. Ermahnung, Verwarnung und Disqualifikation

Jeder Fehler wird mit einem oder drei Strafpunkt/en bestraft. Der Ringrichter ruft „STOPP" sobald ein Fehler begangen wird. Er zeigt mit dem Finger auf denjenigen Wettkämpfer, der ermahnt beziehungsweise verwarnt wird.

Er erläutert die Kampfunterbrechung und spricht je nach Schwere des Vergehens die folgenden Sanktionen aus:

5.2.1. Ermahnung

Im Falle eines kleinen, unabsichtlichen Vergehens notiert der Punktrichter auf der Seite des Gegners des Ermahnten eine Ermahnung mit „+1" und umkreist diese Notiz.

5.2.2. Verwarnung

Im Falle eines schwereren, absichtlichen oder gegen die Grundsätze des Militärischen Boxens verstoßenden Fehlers wird der Wettkämpfer verwarnt; der Punktrichter notiert beim Gegner eine „+3" und umkreist es.

5.2.3. Disqualifikation

Die Anzahl von Strafpunkten ist auf maximal neun limitiert. Bei Erreichen von neun Strafpunkten hat der Ringrichter den gegen die Regeln verstoßenden Wettkämpfer zu disqualifizieren.

Bei schweren Verstößen kann der Ringrichter den Wettkämpfer direkt ohne vorherige Ermahnung oder Verwarnung disqualifizieren.

5.3. Das Wertungsblatt

Die Wertungen der einzelnen Punktrichter erfolgen mittels Wertungsblatt gem. Beilage.

5.4. Die Zählweise

Das Punkteresultat ergibt sich wie folgt:

Es werden die Punkte der ersten, der zweiten und der dritten Runde ermittelt.

Das Urteil wird entsprechend der gewonnenen Runden je Punkterichter und der Gesamttrefferzahl (abzüglich der Strafpunkte) gefällt.

5.5. Die Resultate

G.P.	Gewonnene Punkte
G.D.	Gewonnen durch Disqualifikation
G. Aufg.	Gewonnen durch Aufgabe (Verletzung)

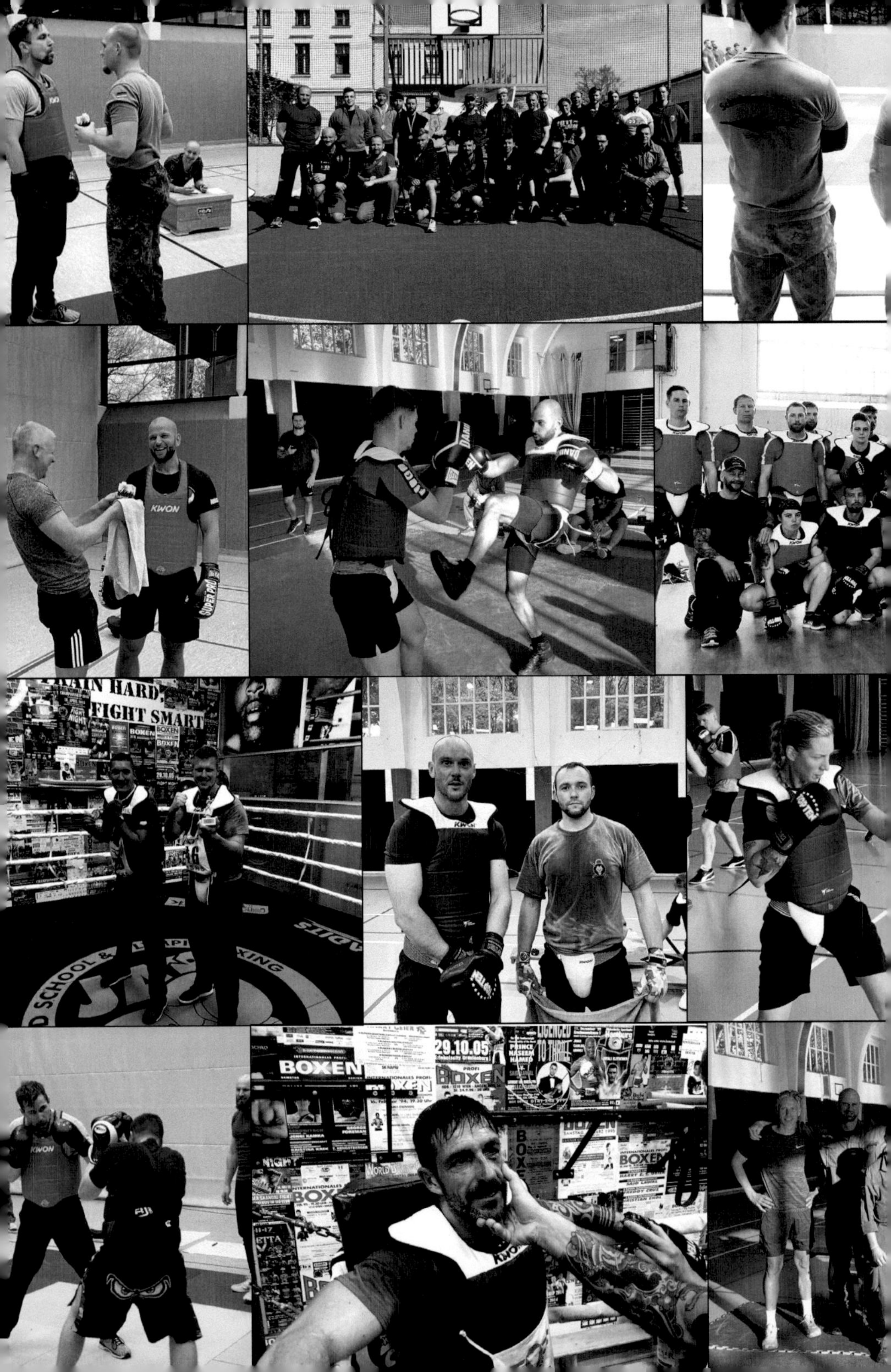
AIN HARD,
FIGHT SMART
BOXEN
29.10.05
BOXEN
KWON

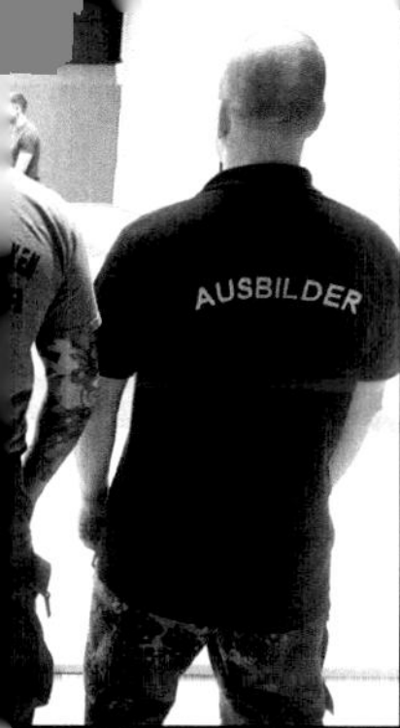
AUSBILDER
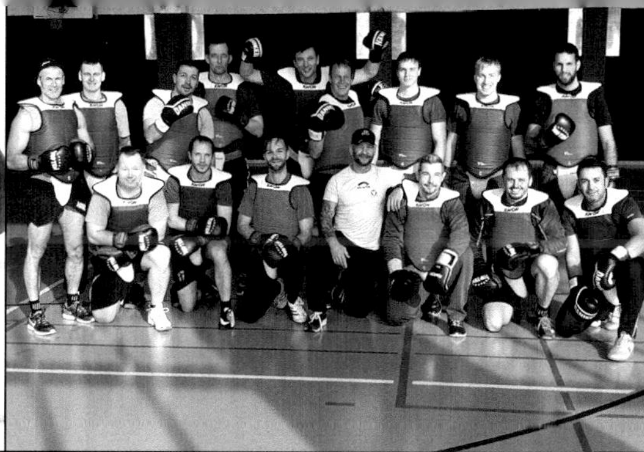
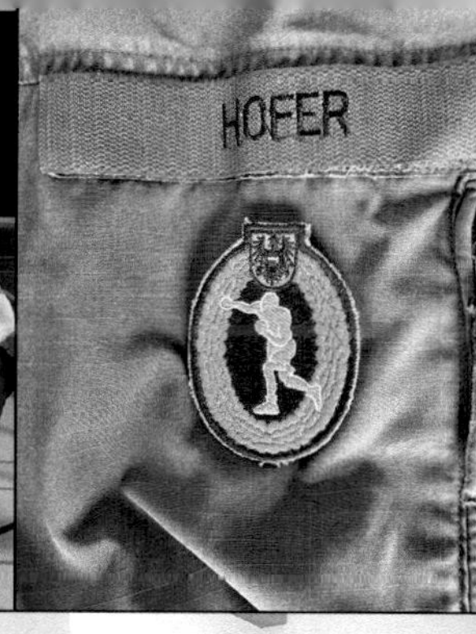
HOFER
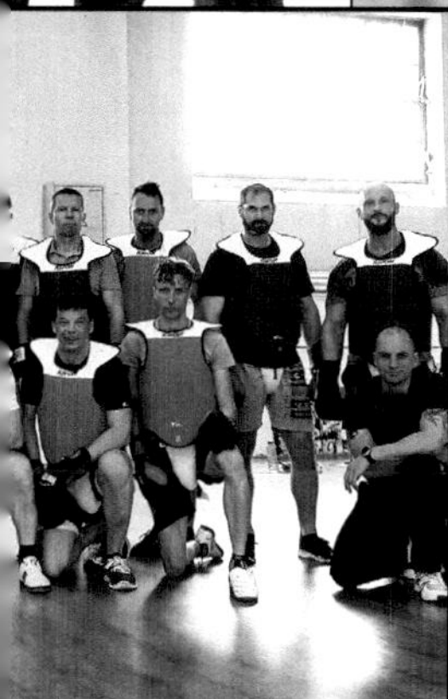
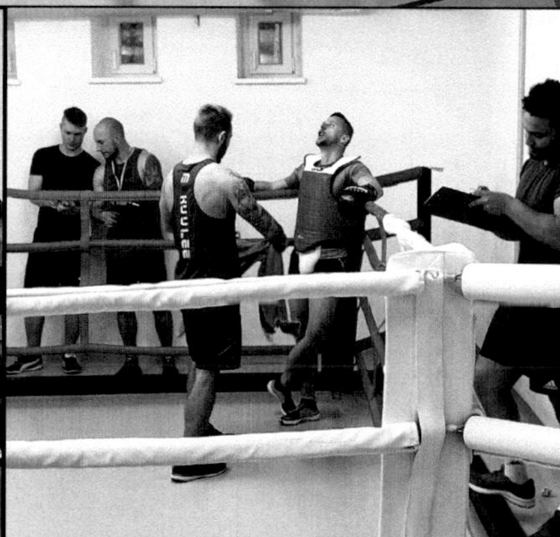
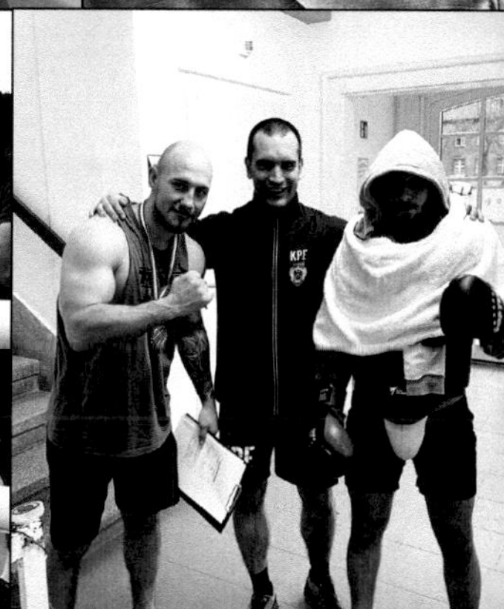
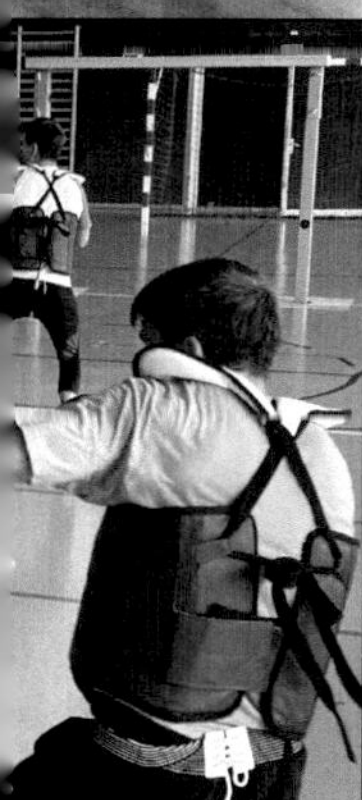
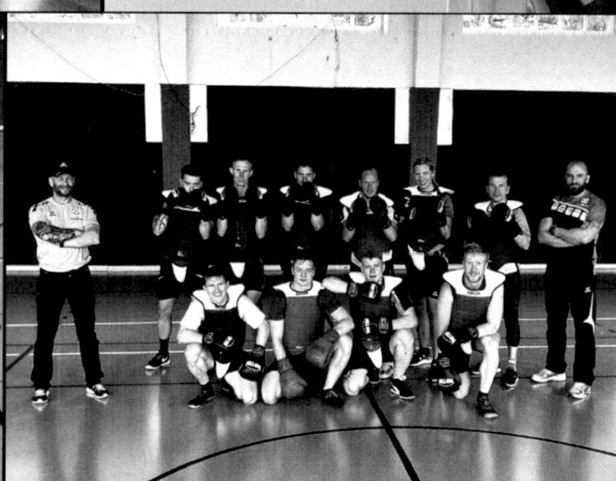
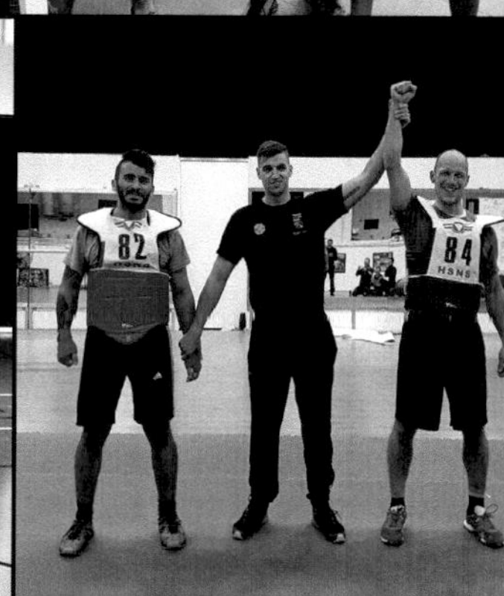
82
84
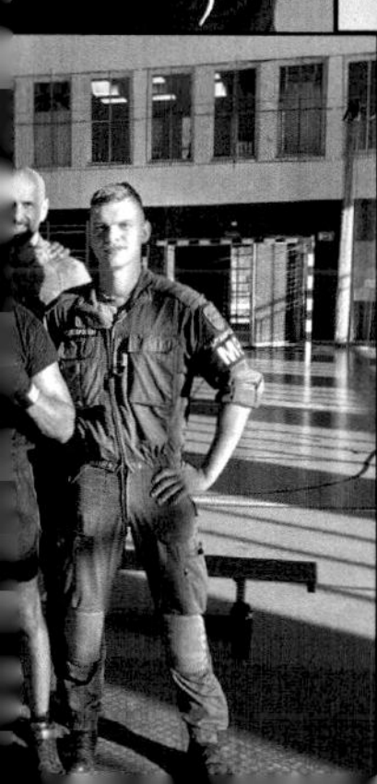
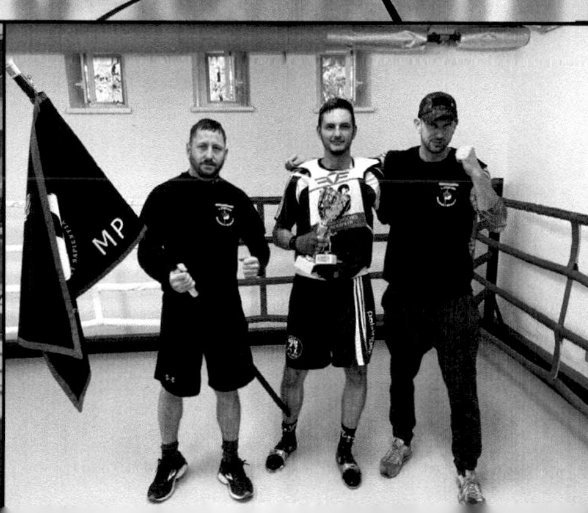
MP
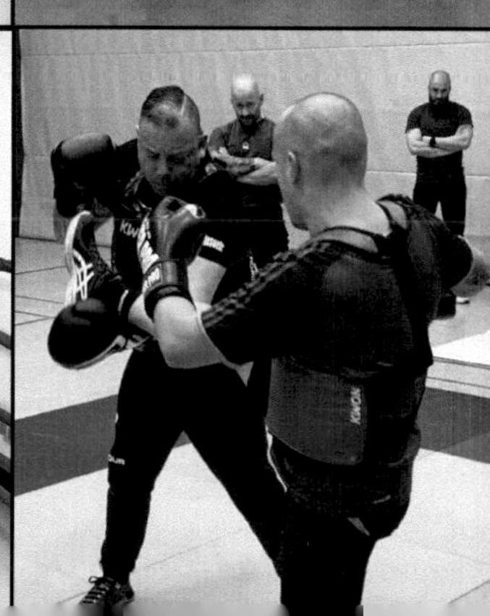

Wertungsblatt Militärisches Boxen

<table>
<tr><td>Nr.</td><td>ROT</td><td colspan="3">BLAU</td></tr>
<tr><td></td><td>Name:</td><td colspan="3">Name:</td></tr>
<tr><td>1</td><td></td><td colspan="3"></td></tr>
<tr><td></td><td>Total Runde 1:</td><td colspan="3">Total Runde 1:</td></tr>
<tr><td>2</td><td></td><td colspan="3"></td></tr>
<tr><td></td><td>Total Runde 2:</td><td colspan="3">Total Runde 2:</td></tr>
<tr><td>3</td><td></td><td colspan="3"></td></tr>
<tr><td></td><td>Total Runde 3:</td><td colspan="3">Total Runde 3:</td></tr>
<tr><td></td><td>Sieger:</td><td colspan="3">Name Ringrichter:</td></tr>
<tr><td></td><td>Entscheidung (einkreisen)</td><td>G.P</td><td>G.D.</td><td>G.Aufg.</td></tr>
</table>